SENTIR
CUBA

Gigante del Caribe

EDITORIAL
© Agualarga Editores, S.L.

SECRETARIO DE REDACCION
Antonio Peña Gómez

PRODUCCION
Mónica Ramos Cordero

COLABORADORES
Rosario Sánchez Gómez, Guadalupe Cordero Vega,
Alexis Socías Villaverde, Jaime Estévez Blanco, Angel
Rojas Bermúdez

FOTOCOMPOSICION
Grupo Fotocomposición

FOTOMECANICA
Día Fotomecánica

IMPRESION
Gráficas Cristal, S.A.

ENCUADERNACION
Larmor, S.A.

I.S.B.N. 84-88959-11-7
DEPOSITO LEGAL: M. 7.824 - 1995

SENTIR CUBA

FERNANDO L. RODRÍGUEZ JIMÉNEZ

Traducción:
Angel Ortega Blanco para Letras, S.L.

PROLOGO

Prologar supone presentar, introducir, decir algo de lo que va a venir después, en este caso se llama CUBA, la Isla Grande del Caribe.

Quien tiene a su cargo documentar esta realidad es un gran profesional, especializado en captar lo que lejos nos pasa desapercibido. Fernando L. Rodríguez Jiménez tiene una vasta trayectoria en lo que es adentrarse en el Mundo natural, desde sus trabajos documentales junto al recordado Félix Rodríguez de la Fuente para Televisión Española incorpora en su haber innumerables documentales, libros, artículos, esculturas, pinturas y fundamentalmente fotografías, que testimonian no sólo sus incontables expediciones por buena parte del planeta, sino especialmente su sensibilidad para vivirlas.

El libro que Fernando nos presenta contiene imágenes recogidas en su último viaje a Cuba, que unidas al texto de su particular estilo documentan "tiempos pasados", de un país que ha sabido acoger a gentes que, más allá de su origen, quisieron contribuir a modelar la amalgama cultural que Cuba hoy presenta el mundo.

El "ojo cazador" de Fernando ha permitido captar, asimismo, los "tiempos futuros" contenidos en las sonrisas de sus niños y jóvenes, que con entusiasmo y esperanza confían en vivir mejores épocas de las que tuvieron como protagonistas a sus padres y abuelos.

Es mi firme deseo, que luego del recorrido visual que hagais, gracias a Fernando, nos visiteis y podais decir conmigo al regreso: "... no solo por las originalidades de su flora y su fauna, por la riqueza de sus paisajes naturales, por la diversidad de sus manifestaciones culturales; imbuidas de sus raices hispanas y africanas, por el firme propósito de sus autoridades en el desarrollo turístico sostenible, hacen de Cuba el punto de mira obligado de quienes opten por su oferta turística en el Caribe, sino fundamentalmente por contar con un pueblo generoso y hospitalario, dispuesto siempre a recibirte, independientemente de cual sea tu origen..."

La Isla Grande os espera con los brazos abiertos. Por nuestra parte, estamos dispuestos a facilitaros esa experiencia, que creedme, será inolvidable.

Marité López López
Directora de la Oficina de Turismo
de Cuba para España y Portugal.

PARAISO ENCONTRADO

AN EARTHLY PARADISE

Siguiendo el diario de Colón, al ojear sus páginas, encontramos una frase atrayente: "Jamás hombre alguno vió lugar tan hermoso...", era el 28 de octubre de 1492.

Quisimos conocer este lugar tan hermoso, del que hablaba Colón en su diario de a bordo, se trataba de Cuba, refiriéndose a la hermosa bahía de Bariay, y su costa, jalonada de playas paradisíacas, de hermosísimas bahías y radas.

Coincidiendo con el criterio del avezado Almirante, recibimos una sensación similar, aunque ya no existe la soledad desconocida y virginal. Ahora se puede llegar a casi todos los rincones cubanos, aunque todavia hay partes inexploradas, en ciertas zonas de sus bosques inextricables, en sus maravillosas montañas, en los grandes pantanales y en las horadadas entrañas de la tierra.

Recorrimos casi toda la isla, manteniendo nuestros sentidos abiertos y la cámara siempre preparada, dispuesta a captar la estética del momento, para dar a conocer en profundidad esta preciosa isla sin parangón, gigante del Caribe.

Cuba es la mayor de las islas del Mar Caribe, una de las más grandes del Océano Atlántico y del Planeta, con

Leafing through Colombus' logbook, we came across a sentence that attracted our attention: "Never has any man seen such a beautiful place ..." It was the 28th October, 1492.

We wanted to know the beautiful place Columbus wrote about in his logbook. It was Cuba and he meant the Bay of Bariay and its coast dotted with heavenly beaches, most beautiful bays and roadsteads.

We agreed with the Admiral's experienced point of view and had a similar feeling notwithstanding the fact that no unknown untrodden lonely place does exist any longer. Nowadays, it is possible to reach nearly every place in Cuba although there are still some unexplored spots in certain areas of its impenetrable forests, wonderful mountains, large marshlands and pierced bowels of the earth.

We travelled through nearly the whole island for all it was worth with our eyes open and our camera ready to seize the aesthetics of the moment in order to make this incomparable beautiful island, the Caribbean giant, known.

Cuba is the largest island in the Caribbean Sea and one of the largest ones in both the Atlantic Ocean and the

110.922 kilómetros cuadrados y unos 1.200 kilómetros de longitud.

Su proximidad al Continente Americano se debe a su separación, relativamente moderna, de hace unos veinte millones de años.

Una novedosa teoría geológica atribuye la conformación del Golfo de México a un gran aerolito desplomado sobre la zona, desintegrándose después.

El papel de Cuba en el Golfo de México es muy importante, su emplazamiento estratégico es la llave, casi une su bocana, se encuentra próxima a las grandes Antillas a Norte y Centroamérica: de la Mejicana ciudad de Cancún, solamente dista 210 kilómetros; de la Península de Florida, tan apenas la separan 180 km.; de Jamaica 146 km.; de la isla de Santo Domingo, está situada a 77 kilómetros con Haití.

Tiene 5.746 kilómetros de costa, con más de 200 bahías y unas 300 playas, se halla casi rodeada de cayos e islotes, contabilizándose 4.195.

Varias cordilleras vertebran la isla, con montañas de más de 2.000 metros de altitud: Cordillera de los Organos en Occidente; en el Centro Sierra del Escambray y Sierra Maestra en el Oriente.

Su variada geografía y aislamiento, produce numerosas formas de vida: unas 8.000 especies de plantas, 900 de peces, 4.000 de moluscos, 1.000 de insectos, 300 de aves. Con un elevado número de endemismos, animales y plantas exclusivos de la isla, vertebrados terrestres hay 142 de los cuales: 14 son mamíferos, 22 aves, 36 anfibios y 70 reptiles, numerosas especies de peces, muchos invertebrados y una gran cantidad de plantas, la mayoría superiores.

La gran variedad paisajística permite ambientes ecológicos muy distintos. Cuba es un paraíso para quienes aman la Naturaleza, desean practicar el ecoturismo y la aventura, existe un amplio campo, poco difundido.

Casi siempre se ha mostrado su cara frívola y no la más importante, sus aspectos culturales, se puede ir a Cuba sin necesidad de tomar ron, bailar la rumba o ir a la playa a tomar el sol como lagartos. Bajo sus límpidas aguas se oculta un mundo maravilloso, muy atractivo, cuando nos asomamos a el queremos ver cada día más. No se necesita ni un solo día tópico, para pasar unas espléndidas vacaciones, conociendo un mundo rico y maravilloso.

Contribuye a sentirnos en casa, las hospitalarias costumbres de sus gentes, representantes de varias étnias: europeas, africanas y autóctonas, aunque estas últimas tienen un impacto muy pequeño, dado que los taínos y otros pueblos

whole Planet itself with its 110,992 square metres and about 1,200 kilometres in length.

The proximity of Cuba to Continental America is due to its fairly recent separation from it about twenty million years ago.

A novel geological theory suggests that the Gulf of Mexico was formed as a result of a big aerolite falling down on the area and disintegrating some time later.

Cuba's role in the Gulf of Mexico is a very important one. Its strategic position is the key factor. It nearly joins both ends of the mouth of the Gulf. The island is near the Greater Antilles, North and Central America. It is just 210 kilometres away from Cancun, Mexico, hardly 180 from the Peninsula of Florida; 146 from Jamaica and 77 from Haiti.

The Cuban coast is 5,746 kilometres long with 200 bays and some 300 beaches. Moreover, the island is nearly surrounded by keys and small islands numbering 4,195.

Several ranges form the backbone of the island with mountains over 2,000 meters high: "Cordillera de los Organos" in the West; Sierra del Escambray in the central region and Sierra Maestra in the East.

Cuban varied geography and isolation result in a large number of forms of life: some 8,000 species of plants, 900 of fishes, 4,000 of molluscs, 1,000 of insects, and 300 of birds. With a large number of endemic species, animals and plants exclusive to the island, there are 142 different land vertebrates of which 14 are mammals, 22 birds, 36 amphibians and 70 reptiles, a large number of species of fishes, a great deal of invertebrates and a lot of plants most of which are superior.

The vast variety of Cuban landscapes enables very different ecological environments to exist. Cuba is a paradise for those who love Nature and want to enjoy ecological tourism and adventure. In this respect, there is a vast field which is scarcely known.

It is the frivolous side of Cuba instead of its most important one -its cultural aspects- that has nearly always been shown. You may visit Cuba without it being necessary for you to drink rum, dance rumba or lie in the sun on the beach like a lizard. A very attractive wonderful world is hidden under Cuba's limpid waters. When you get a glimpse of such a world, you want to see more and more of it. If you want to have a splendid vacation and know a rich marvellous world, there is no need for you to spend one single day full of topics.

The hospitable customs of Cuban people contribute

fueron extinguidos casi en su totalidad, restan algunos descendientes en el oriente de la isla, hoy todas están unidas y mestizadas.

Subyace un interesante sincretismo, importado de Africa, por los esclavos negros principalmente: congos, lucumís, ñáñigos y kimbises, más tarde mezclado con la religión Católica, traída por colonos españoles y franceses, con quienes mestizaron, incluso en creencias, ideas y músicas, produciéndose un "revuelto cultural", muy interesante y atractivo, reflejado en su folclore.

Cuba resulta uno de los países caribeños más visitados, donde cada día, acuden en mayor número visitantes foráneos.

to make visitors feel at home. Cubans are the representatives of various European, African and native ethnic groups. The weight of native ethnic groups is quite small as Tainos and other peoples became extinguished nearly in full and there only remain a few descendants in the Eastern region of the island. All such native ethnic groups have nowadays joined to and mixed with one another.

There is an interesting underlying syncretism imported from Africa by black slaves such as Kongos, Lucumies, Nanigos and "Kimbises" which became mixed with Catholicism brought to Cuba by Spanish and French settlers. These people mixed with one another even as far as beliefs, ideas and music were concerned. As a result, a very interesting attractive "cultural mixture" reflected in their folklore, emerged.

Cuba is one of the most visited Caribbean countries where a larger and larger number of foreign visitors come.

LA HABANA

Su capital, es la bella Habana, situada en una hermosa bahía de unos 1.500 metros de anchura, con una bocana que protege su Puerto Internacional.

Un Cristo de gigantescas proporciones, está situado cerca del famoso Castillo del Morro, símbolos de fe Católica y de la fuerza militar de los colonizadores, junto a l remedo de las Carabelas que trajo a los españoles, utilizada ahora para realizar cortas travesías, con divertidas fiestas.

En el Barrio Antiguo, cerca del larguísimo malecón de casi 10 kilómetros de longitud, se conserva un edificio conmemorativo de la celebración de la primera misa, constituyente del primer Cabildo, a la sombra de una ceiba sagrada y milenaria. Para conmemorarlo se alzó una columna, con tantas caras como provincias tenía el país, sustituida en 1828 por este Templete neoclásico que en el jardín alberga la única estatua conocida de Cristóbal Colón con barba.

En la Plaza de Armas se encuentra el núcleo primigenio de la capital de Cuba, donde se halla el Castillo de la Real Fuerza, baluarte muy bien conservado, forma parte de

Havana, the beautiful capital of Cuba, is situated in a beautiful bay about 1,500 meters wide with an entrance protecting its International Port.

A Christ of gigantic proportions is near the well-known Fuerte del Morro. They are both the symbols of colonizers' Catholic faith and military strength. Not far from there, a poor imitation of the Caravels by which Spaniards arrived in Cuba, is now being used to make short journeys with enjoyable parties.

In the Barrio Antiguo near the long breakwater almost ten kilometres long, there rises a well preserved old building in commemoration of the first mass celebrated on the island. It was at that mass that the first Cabildo or Town Council was set up in the shade of a sacred thousand-year old ceiba. A column with as many faces as the provinces of the country was raised in commemoration of such an event. The column was replaced in 1828 with a neoclassic small temple housing the only known statue of Christopher Columbus with a beard.

The original nucleus of the capital of Cuba is the Plaza de Armas with the Castillo de la Real Fuerza, a very

Monumento a Máximo Gómez.
Monument in memory of Máximo Gómez.

un extraordinario complejo de fortificaciones, estratégicamente emplazadas, consideradas modelo de defensa en la época, hacían inexpugnable a la Habana.

Su foso y cañones guardaban este lado de la bahía, junto a otras fortificaciones. Hoy los cañones sirven de adorno y de juego infantil. ¡Ojalá que las armas se usaran siempre para inocentes juegos y nunca para destruir la vida!.

Al observar sus muros, podemos leer parte del lejano pasado geológico de la isla. Millares de fósiles coralinos petrificados y emergidos, se aglomeran, mostrando numerosas y bellas especies, similares a las existentes hoy en sus hermosos fondos submarinos.

La Giraldilla es un grácil símbolo de la Habana, una escultura de Doña Inés de Bobadilla, única mujer Gobernadora de la ciudad, al sustituir a su marido Hernández de Soto que en 1539, marchó a la conquista de La Florida. Desde hace varios siglos su estatua preside el torreón más alto del Castillo de la Real Fuerza.

Desde las almenas de la fortaleza, se puede contemplar al Cristo y el Castillo del Morro. Estos baluartes, en fuego cruzado, podían destruir cualquier armada que intentara su conquista.

De las antiguas murallas que circundaban la ciudad, quedan pocos vestigios, junto a una de sus antiguas entradas, ahora cuidadas como reliquias del pasado, donde se destaca en un mapa de bronce al antiguo entorno de la Habana.

No lejos se encuentra la Estación Central, otro orgullo de Cuba, por tratarse del primer gran trazado de ferrocarriles del Nuevo Mundo.

El medio más utilizado de transporte en toda Cuba es la bicicleta, lo que obliga a mantenerse en forma a los cubanos. Para los jóvenes es un estupendo modo de hacer ejercicio y gozar de la amistad, efectúan excursiones por toda la ciudad, especialmente hacia la playa y el malecón.

Debe ser la única ciudad del mundo con autobuses sólo para bicicletas, ayudando así a ahorrar pedaladas a sus usuarios.

Otros medios de transportes, casi olvidados en otros lugares del mundo, son las motos con sidecar.

Los viejos vehículos norteamericanos, la mayoría son taxis, llaman la atención por lo bien conservados que se encuentran, sin duda harían las delicias de nostálgicos coleccionistas.

Los autobuses son el medio de transporte más usual, en sus paradas es frecuente encontrar gente variopinta.

El ingenio de este simpático pueblo, les ha permitido inventar diferentes artilugios de tansporte, como en tren-

well preserved stronghold forming part of an extraordinary complex of strategically situated fortifications. These were considered to be a model defense at the time and made Havana an impregnable city.

The moat and guns of the Castle and other fortresses guarded this side of the bay. Nowadays, the guns serve for decoration purposes and children play with them. If only weapons were always used to play innocently and never to destroy life!

A part of the remote geological past of the island may be read from the walls of some old buildings of Havana on which thousands of emerged coralline petrified fossils of many splendid species similar with those presently existing in its beautiful sea beds, pile up.

The Giraldilla is a delicate symbol of Havana. It is a sculpture of Doña Inés de Bobadilla, the only woman who has ever become the Governor of the city as she took the position of her husband Hernandez de Soto when he left to conquer Florida in 1539. This statue has dominated the highest tower of the Castillo de la Real Fuerza for several centuries.

The Christ and the Castillo del Morro may be seen from the battlements of the fortress. These strongholds could destroy with their cross fire any navy attempting to conquer the city.

A few vestiges of the old walls surrounding the city remain near one of its entries. They are now kept as relics of the past with a bronze map of the old environment of Havana outstanding.

The Estación Central formerly the pride of Cuba as it was the nerve centre of the first railway line laid in the New World, is not far away.

As a result of international sanctions, the most popular means of transport in Cuba is bicycles which causes Cubans to keep in good form. This is a fine way for young people to take exercise and enjoy friendship. Youngsters in Havana go on excursions throughout the whole city, particularly to the beach and the breakwater.

Havana must be the only city in the world with buses equipped to carry bicycles so that passengers may be spared pedalling.

Another means of transport now rare in other places of the world is sidecar motorcycles.

Old American cars most of which are taxicabs, attract attention on account of the state of preservation they are in. Undoubtedly, they would delight nostalgic collectors.

Buses are the most usual means of transport in

bus, de mucha capacidad, compuesto por dos vagones o más, tirados por un gran camión.

Para conocer a fondo una ciudad, lo mejor es caminarla.

La Habana es una cuidad monumental, amplia y hermosa, con plazas de grandes dimensiones, como la de la Revolución, presidida por un gran edificio neoclásico, convertido en Museo de la Revolución.

Uno de los grandes héroes de la primera Revolución fue Máximo Gómez a quien se erigió un enorme Monumento pleno de símbolos. Es curioso que se encuentren representantes de las distintas revoluciones, muchas veces contrapuestas, respetando sus esculturas.

Los Monumentos a los diferentes héroes que jalonan el enorme paseo marítimo o malecón, se sitúan mirando a la ciudad o por el contrario hacia la bahía, según fueran heridos o muertos en batalla.

La Embajada de España está ubicada en la Plaza de la Revolución, en uno de los más bellos edificios neoclásicos de la Habana, perfectamente conservado.

Otro de los "totem" de la capital es la Fuente de la India o de la noble Habana, símbolo d elos indígenas que encontraron los conquistadores al llegar a la isla. Si bien se cree que el nombre de la cuidad proviene de un cacique local llamado Habanaguanix.

El Capitolio es una de las construcciones más imponentes de la Habana, situado en el centro de la metrópoli, tras sus muros se ha decidido la política de Cuba; antes de 1959.

Cerca del Capitolio se encuentra el famoso Centro Gallego, uno de los edificios más importantes y bellos de la ciudad.

Frente a él, otra gran mansión compite en prestancia, el Centro Asturiano, como si se hubiera importado el amistoso antagonismo de vecinos, concurren en hermosear la ciudad.

Entre ambos se encuentra uno de los "Héroes de la Patria", la estatua del poeta e ideólogo José Martí, pieza clave en la primera revolución cubana contra la política española.

En el Centro encontramos un gran bulevar o anchuroso paseo, llamado Paseo del Prado, rememora el famoso paseo madrileño. "Defendido" por leones, fundidos con el bronce de los cañones arrebatados a los españoles, como se hiciera con los de las Cortes Españolas, convertidos en oteadero por los críos. A lo largo de la calle se alinean edificios neoclásicos, en diferentes grados de conservación.

Cuba. A real mix of different people may often be found at bus stops.

This kind people's creativeness has made it possible for them to invent various transportation devices such as a large capacity bus-train consisting of two or more carriages hauled by a large truck.

The best way to know a city is to walk its streets. Havana is a large beautiful monumental city with squares of large dimensions such as Revolution Square dominated by a large neoclassic building converted into the Museum of Revolution.

One of the great heroes of the first Cuban Revolution was Máximo Gómez in whose honour a huge Monument full of symbols has been set up. Curiously enough, representatives of various revolutions often opposing to one another, may be found to respect sculptures being their fruits.

The Monuments in honour of heroes along the huge seafront or the breakwater face either the city or the bay depending upon their having been wounded or killed in action.

The Embassy of Spain is located at Revolution Square in one of the most beautiful neoclassic buildings in Havana which is perfectly preserved.

Another "totem" of the capital is the Fuente de la India or Fuente de la noble Habana. Such a fountain is the symbol of the natives found by the conquerors upon their arriving in the island. Notwithstanding, the name of the city is believed to derive from a local Indian chief named Habanaguane.

The Capitolio (Capitol) is one of the most imposing buildings in Havana. It is situated in the centre of the metropolis and Cuban politics was decided within its walls prior to 1959.

The well-known Centro Gallego, one of the most beautiful and important buildings in the city, is near the Capitolio. Opposite to the Centro Gallego, another mansion, the Centro Asturiano, rivals it in excellence. Both buildings contribute to embellish the city just as if the neighbours' friendly antagonism would have been imported.

Between both buildings, there is one of the "Heroes of the Country", the statue of poet and ideologist José Martí who played a key role in the first Cuban revolution against the Spanish ruling.

In the Centro, there is a large boulevard or avenue named Paseo del Prado in remembrance of the famous

Aquí se produce una de las transacciones más curiosas, el intercambio de casas, se reúnen gentes que necesitan cambiar de barrio por la razón que sea. Los intermediarios procuran poner de acuerdo a quienes no tienen tiempo para hacerlo directamente, aunque existen Organismos Oficiales y legales especializados.

La Catedral es uno de los edificios barrocos más importantes de Cuba, hoy en restauración. Frente a sus puertas, se instala dos veces por semana un interesante mercadillo artesanal, donde se encuentran objetos artísticos, realizados en su mayoría con elementos naturales: Tallas, collares, muñecas provenientes del antiguo arte vudú o sincrético, sombreros hechos de palma, instrumentos músicos y bellos cuadros realizados por interesantes artistas.

En las proximidades se encuentran uno de los Restaurantes más populares de la Habana "La Bodeguita del Medio", visita obligada, donde han acudido famosos de todos los tiempos: políticos, como Allende, actores conocidos como el gran Cantinflas, Marylin Monroe, cantantes, escritores como el célebre Heminghway, quien lo frecuentaba. No es posible dar la larga lista de nombres ilustres sin que resulte tediosa.

Llama la atención un banderín chino, avispados nuevos comerciantes, al conocer la "Bodeguita", la imitaron en Changai, el banderín es una prueba de amistad.

Un cartel de "Cargue con su pesao" se refiere a quienes no saben digerir los deliciosos "mojitos" que aquí se escancian, preparados con ron. En un autógrafo del célebre escritor Hemingway se lee: "El mojito en la Bodeguita", el daiquirí en "Floridita".

Siguiendo el consejo del escritor, de bebidas era buen conocedor, nos trasladamos al "Floridita", donde encontramos un busto del famoso escritor-suicida, con su cínica sonrisa, mirándonos desde lo alto de un pedestal. Su foto con Castro rezuma humanidad.

Su silla se conserva como cuando vivía, en su rincón favorito, culto mitómano a un gran escritor, enamorado de este hermoso país y de los daiquirí del "Floridita".

En la Casa del Ron tenemos la oportunidad de contemplar famosas marcas y clases de esta preciada bebida, netamente cubana.

Frente al Palacio de "Los Capitanes Generales", se encuentra uno de los lujos de esta ciudad, su adoquinado en madera, fueron obtenidos de los bellos bosques que antaño circundaban la Habana.

En el corazón de la metrópoli hay un maravilloso bosque, tapizado de verdes cortinas de varias lianas, pen-

Madrilenian avenue. It is "guarded" by some lions cast in bronze from the guns seized from the Spanish soldiers just like the lions at the door of the Spanish Cortes are. Te avenue has been turned into a look-out post by children. Neoclassic buildings in various states of preservation line up along the avenue.

One of the most curious transactions ever known, house exchange, takes place here. People needing to move from the quarters they live in for any reason whatsoever, meet here. Intermediaries try to make people lacking time to do it directly, agree. Anyway, there are legal Government Organizations specialising in these tasks for such a purpose.

The Cathedral which is being restored at the moment, is one of the most important Baroque buildings in Cuba. An interesting craft street market is installed opposite it twice a week. In such a market, visitors may find artistic crafts most of which are made of natural elements: Carvings, necklaces, dolls originating from the ancient voodoo or syncretic art, hats made of palm leaves, musical instruments and beautiful paintings by talented artists.

In the vicinity, there is one of the most popular restaurants in Havana, "La Bodeguita del Medio", a place customarily visited by famous people from all times: politicians such as Allende; well-known actors such as great Cantinflas and Marylin Monroe; singers, writers such as Heminghway who visited it frequently. Giving a full list of its illustrious visitors would be boresome.

A Chinese pennant on the wall attracts visitors' attention. It was given as a token of friendship to the owner of "La Bodeguita" by some clever Chinese merchants that imitated it in Saigon.

A notice reading "Take your ' pesao' with you" is addressed to those who do not know how to digest the delightful "mojitos" prepared with rum which are served here. Hemingway wrote in an autograph: "If you want to have a ' mojito', to to ' la Bodeguita' but if you would like to have a daiquiri, to ' Floridita'" .

Taking the advice of the writer who was a connoisseur of drinks, we went to "Floridita" where a bust of the famous writer who committed suicide, stares at visitors with a cynical smile from the top of a pedestal. His photo with Castro oozes humaneness. Hemingway's chair has been kept in his favourite corner just like it was when he lived as proof of the mythomaniac homage paid to a great writer who was a lover of this beautiful country and the daiquiris served at "Floridita".

den en cascadas ocultando los frondosos árboles tropicales. Este hermoso Parque silvestre se denomina "El Bosque", tal es la sensación que se siente cuando lo contemplamos, entre sus ramajes se pueden observar grandes auras, la rapaz carroñera de mayor tamaño de la isla, nidificantes entre sus ramajes.

Sintiéndonos ya habaneros vamos al Morro a contemplar el ocaso. Todo un espectáculo diario gratuito. Mientras la silueta del morro se dibuja contra el mar, la Habana marítima va tomando tonos nácares. Un pescador montado en una balsa improvisada con un neumático de tractor, busca provisiones en sus aguas.

Cuando la luz del sol se apaga, se enciende el faro, aviso para navegantes. Uno de los primeros edificios que se ilumina es la Embajada de España. El cielo también prende sus luminarias.

La vida nocturna habanera es famosa, su música salsera se puede escuchar por doquier. Si bien, el símbolo de la noche, es el célebre Cabaret Tropicana. Resulta gratificante contemplar el plantel de vedetes y el dilatado espectáculo, mientras tomamos "cubalibre", daiquirí o mojito.

El contraste de la noche, lo podemos tener a unos 100 kilómetros de la ciudad, en las conocidas y magníficas playas de Varadero donde se puede llegar volando o por tierra. Desde el aire se aprecia el bello y largo ítsmo, de finas arenas coralinas.

At "Casa del Ron", we had the opportunity to see bottles of some famous brands and various kinds of such a precious drink clearly originating from Cuba.

Opposite the "Palacio de los Capitanes Generales" is a house with one of the luxuries of the city: its wooden paving was obtained from the beautiful woods formerly surrounding Havana.

In the heart of the metropolis there is a wonderful wood covered with green curtains of lianas cascading and hiding the leafy tropical trees. This beautiful Wild Park is named "El Bosque" ; such is the feeling you have when seeing it. Big turkey buzzards, the largest birds of prey feeding on carrion that live in the island and build their nests on the branches of the trees, may be seen there.

Feeling as if we ourselves were Havanans, we go to "El Morro" to watch sunset, a real free spectacle. Whilst El Morro is silhouetted against the sea, the maritime Havana takes nacreous shades. A fisherman in an improvised raft made of a tractor tyre, is looking for food in the water.

When sunlight goes off, the lighthouse, a warning for marines, turns on. One of the first buildings being lit is the Embassy of Spain. And the sky lights up, too.

Night life in Havana is known all over the world. Salsa music may be heard everywhere. However, the symbol of the night is the renowned Tropicana Cabaret. It is gratifying to watch the team of vedettes and the lengthy show while you have a "cubalibre", a daiquiri or a "mojito".

The contrast of the night may be seen at about 100 kilometres from town on the fine beaches of Varadero where you may get by plane or by land. The long beautiful isthmus covered with fine coralline sands, can be seen from the plane.

22

Unico busto conocido de Colón con barba.
The only existing bust of Columbus with a beard.

Habana Vieja.
Old Havana.

Plaza de la Revolución y Embajada de España.
Revolution Square and Embassy of Spain.

Puerto de la Habana.
Port of Havana.

Casa de D. Giovani.
Don Giovanni's house.

Cubano negro nos ofrece fuego.
A Cuban negro giving us a light.

Puesto de muñecas cubanas.
Cuban doll stall.

Vista aérea de la Habana moderna.
Arterial view of modern Havana.

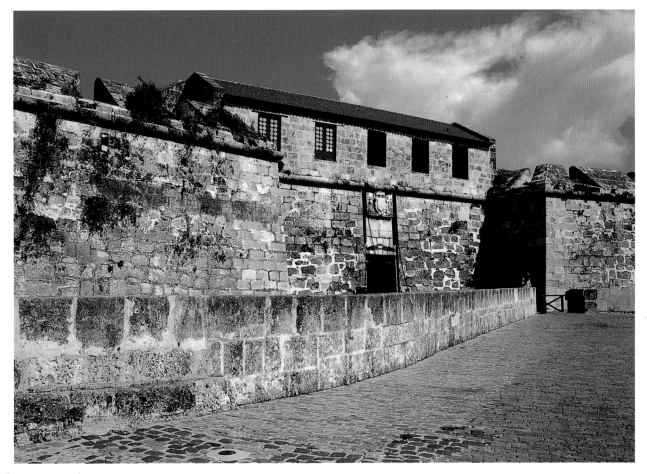

Castillo de la Real Fuerza.
Castle of the Royal Forces

Entrada al Capitolio.
Entrance to the Capitol.

La Habana moderna, barrio del Vedado.
Modern Havana, Vedado district.

34

"Floridita". Taburete, foto con Castro y busto de Hemingway.
"Floridita". Stool, photo with Castro and bust of Hemingway.

Restaurante "El Patio". Plaza de la Catedral.
"El Patio" restaurant. Cathedral Square.

Suelo de madera frente al Palacio de los Capitanes Generales.
Wooden pavement in front of the Field Marshalls' Palace ➤

FERNANDO VII

Su reinado fue ejemplo de desvergüenza y absolutismo. En 1820 acató la Constitución de Cádiz, fingió acatarla ante la presión popular para enseguida desbordar la más sangrienta reacción. Fusilamiento de Riego y tantos liberales. Hasta su muerte, en 1833, España vivió una era de despotismo ilustrado.

De él dijo Pi y Margall: "Fernando VII no fue ya un hombre malvado: fue un monstruo; conspiró un día contra su padre, siempre contra su Patria. Alentaba los Liberales, adulábales, y al mismo tiempo alentaba a los amigos del régimen, daba instrucciones a la Regencia de Urgell y se entendía con los soberanos extranjeros que le hacían instrumento de sus ambiciones. Difícilmente se encontrará en la historia carácter más abyecto y despreciable que el de aquel famoso monarca".

A su muerte fueron destruidas todas las estatuas que le habían erigido sus aduladores en la Península.

Esta efigie fue colocada en la Plaza de Armas en 1834 y retirada de su pedestal el día 15 de febrero de 1955, luego de tenaz lucha dirigida por Emilio Roig de Leuchsenring, siendo erigida la del Padre de la Patria Carlos Manuel de Céspedes y del Castillo el 17 de febrero de ese propio año.

La estatua de Fernando VII se conservó desde entonces en el Museo de la ciudad de La Habana y fue colocada en este sitio el 8 de mayo de 1975, "Año del Primer Congreso".

Placa crítica sobre Fernando VII.
Plaque criticizing King Ferdinand VII.

Estación central.
Central Station. ➤

Plaza Vieja.
Old Square.

41

Cristo de la Habana.
The Christ of Havana.

"Bodeguita del Medio". Fotos de famosos.
"Bodeguita del Medio". Photos of famous people.

43

"Bodeguita del Medio". Ambiente.
"Bodeguita del Medio". Atmosphere.

44

Centro asturiano.
Asturian Centre.

Atrio del Palacio de los Capitanes Generales. ➤
Portico of the Field Marshalls' Palace.

Pescadores al atardecer en "El Morro".
Fishermen "El Morro" at dusk at

Niños habaneros.
Havanan children.

Estatua de José Martí en el Parque Central.
Central Park. Statue in memory of José Martí.

Fuente de La India o de la noble Habana y Capitolio.
Fountain of the Indian Woman also known as Noble Havana's Fountain. Capitol.

Hotel Plaza.
Plaza Hotel.

Mercadillo en la Plaza de la Catedral.
Street market at Cathedral Square.

Museo de la Revolución.
Museum of the Revolution.

53

Plaza de Armas y estatua de Carlos Manuel de Cespedes.
Parade Ground and statue of Carlos Manuel de Céspedes.

Casa del Ron. ➡
House of Rum.

56

Tallista habanero.
Havanan carver.

Permutas de casas en el Paseo del Prado.
House exchange at Paseo del Prado.

Hotel Nacional.
National Hotel.

Antigua muralla de la Habana.
An old wall of Havana.

60

Edificios neoclásicos del Paseo del Prado.
Neoclassic buildings, Paseo del Prado.

Centro asturiano.
Asturian Centre.

Puerto, bahía y "El Morro" de La Habana.
Havana. Port, bay and "El Morro".

Gran cañón en Castillo de la Real Fuerza.
A large gun positioned at the Castle of the Royal Forces.

Cañones de avancarga. Castillo de la Real Fuerza.
Muzzle loading guns. Castle of the Royal Forces.

Bañistas en el Malecón.
Swimmers at the Breakwater.

64

Mulata de Tropicana.
Tropicana Cabaret. A mulattress.

Espectáculo de Tropicana.
The show at Tropicana.

67

Bici-Taxi.
Bike taxi.

Fachada de la Catedral.
Facade of the Cathedral.

SOROA Y EL CASTILLO DE LAS NUBES

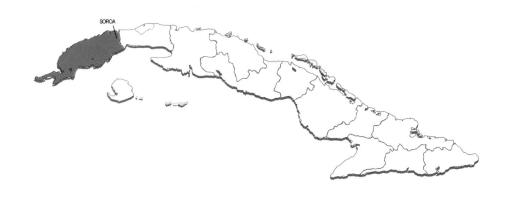

O tro algaba, se encuentra a tan sólo algo más de 100 kilómetros de la capital. Maravillosas frondas de bosque pluvioso se agrupan en torno al río Soroa. Llama la atención las interesantes epífitas, plantas parásitas de la familia de las Bromeliaceas, en ocasiones tapizan sus troncos. Orquídeas y otras bellísimas flores, de variadas especies, adornan la selva.

Entre sus más genuinos habitantes se hallan los anolis o lagartijos. Con los ojos bien abiertos, dispuestos a contemplar cuanto nos rodea, hallamos a estos pequeños Iguánidos, mimetizando entre la vegetación, sorprende su belleza, domesticidad y el diminuto tamaño de algún espécimen. Tienen la costumbre de mostrar su papada cutánea, coloreada por vivos tonos, característicos de cada especie, los cubanos definen la acción de mostrar el pliegue de piel, cómo "sacar el pañuelo", un ritual entre machos y hembras o un aviso para intrusos oponentes.

El espectáculo final lo proporciona su hermosa cascada, tapizada de vegetación que se aferra a las húmedad paredes. Se ha convertido en lugar de peregrinaje para quienes aman la Naturaleza en su máximo esplendor. Los fra-

A nother grove is just over 100 kilometres away from the capital. Marvellous foliage of rainforest crowd together around the Soroa river. Interesting epiphytes, parasitic plants of the family Bromeliaceae occasionally covering the trunks of the trees, attract visitors' attention. Orchids and other beautiful flowers of varied species decorate the forest.

The "anoles" or small lizards of the genus Anolis are amongst its most genuine inhabitants. With their eyes open wide and ready to watch anything around them, these small iguanids merge into the vegetation. The beauty, domesticity and minute size of some specimens are surprising. They are in the habit of displaying their skin dewlaps of vivid colours characteristic of each species. Cubans refer to such skin display as "Displaying the flag" which is either a ritual amongst males and females or a warning to intruding opponents.

The final spectacle is provided by a beautiful waterfall carpeted with vegetation clinging to the wet stone walls. It has become a place to go on pilgrimage for those who love Nature in all its splendour. Brooklets and pools of

Cascada de Soroa.
Soroa waterfall

güines y remansos, rodeados de densa selva tropical, crean un paisaje salvaje y bucólico, su música propia y especial serena el espíritu.

Desde la montaña que domina el Valle de Soroa, se divisa un hermoso panorama. Su nombre poético "Castillo en las Nubes", alude a la frecuencia que estas se encuentran bajo el picacho, humedecen el ambiente, favoreciendo a los bosques maravillosos del área, otros explotados en demasía, hoy existe una moderna política de repoblación conservacionista.

En este singular entorno podemos contemplar diversas especies de palmeras endémicas, es decir, genuinamente cubanas. La palma real es la más extendida, aunque no sea autóctona resulta de gran importancia económica, con ella se construyen la mayor parte de las casas de los campesinos o guajiros, también los picapinos y otras aves se instalan en sus troncos.

Otro extranjero, de gran utilidad es la llamada caña brava, bambú gigante que puede sobrepasar los diez metros.

Las auras encuentran aquí un medio ideal para sus planeos.

Entre las maravillosas flores del Orquideario, un Jardín Botánico, situado en estas hermosas cumbres, encontramos bellas mariposas y una de las aves más pequeñas del mundo el zunzuncito y el zunzun, esmeralda viviente, colibrí verde metálico, liba como insecto, busca néctar en las abundantes flores halladas a su paso.

Hay mariposas que simulan aves, aves que parecen insectos y flores que semejan aves o insectos, las hermosas orquídeas aquí están muy bien representadas, hay especímenes cubanos y del ámbito Caribeño. Un árbol de orquídeas llama siempre la atención por su belleza exótica, así como el flamboyán, extendido por todo el Caribe, importado también desde Asia.

still water surrounded by a dense tropical forest create a wild bucolic scenery. The special music of the place calms the spirit.

A beautiful view may be seen from the mountain commanding the Valle de Soroa . Its poetic name "Castillo en las Nubes" refers to the frequency of clouds being below the peak, dampening the surroundings and favouring the wonderful forests in this area formerly over-exploited. Nowadays, a modern conservationist reforestation policy is being implemented.

Several species of endemic, that is, genuinely Cuban palmtrees may be seen in this unique environment. The royal palm which is not autochthonous, is the one most extended and has a great economic importance. Most houses of peasants or "guajiros" as they are called, are built with these palmtrees on the trunks of which woodpeckers and other birds settle.

Another foreign plant of a great usefulness is the so-called "caña brava", a giant bamboo that may exceed ten meters in height.

Turkey buzzards find here an ideal environment for their planning and flying with their wings outstretched.

Amongst the marvellous flowers of the "Orchid Garden", a botanic garden on the beautiful summit, there may be found beautiful butterflies and one of the smallest birds in the world, the "zunzunito". The "zunzun" which is a metal green-coloured hummingbird resembling a living emerald, flies through the abundant flowers in search for nectar which it sucks like an insect.

There are butterflies that look like birds, birds which seem to be insects and flowers resembling birds or insects. Beautiful orchids are very well represented here with Cuban and Caribbean specimens. An orchid tree always attracts attention for its exotic beauty. So does the flamboyant or royal poinciana imported from Asia and extended all over the Caribbean region.

71

Selva de Soroa.
Soroa forest.

Panorámica de selva de las montañas del Castillo de las Nubes. ➤
Panoramic view of the mountain forest surrounding the Castle in the Clouds.

Lagartijo o anolis.
Lizard or anole.

Fragüin de Soroa.
Soroa. A brooklet.

Selva de Soroa.
Soroa forest.

Panorámica desde el Castillo de las Nubes.
Panoramic view from the Castle in the Clouds.

PINARDELRIO

Ver amanecer es siempre un espectáculo, especialmente lo es en el incomparable Valle de Viñales, sus singulares mogotes tienen único parangón en el Valle de Pequín, en China, donde encajonan al Río Amarillo, actualmente los mogotes chinos están en peligro, existe la posibilidad que desaparezcan a la vista por el reciente proyecto de presas en ese río.

En el Valle de Viñales las nubes bajas de la niebla matinal crean una fantástica sensación irreal, frondosas islas parecen flotar entre nubes y las montañas, semejan estar suspendidas en el cielo, esta inigualable percepción va disipándose a medida que el sol gana altura y sus rayos calientan la tierra. Parece como si de pronto se pintara un panorama inventado, cuando los colores y los mogotes señorean el incomparable paisaje.

Existe una curiosa anécdota de un famoso paisajista cubano, a quien le negaron el premio extraordinario de una Bienal en París, por considerar que su paisaje, aunque hermoso y bien pintado, era fantástico.

Los campesinos o guajiros, viven en sus casas de palma o bohios, cultivan mandioca, otras plantas y ganado,

Watching the sun rise is always an spectacle, especially in the incomparable Valle de Viñales, the unique flat-topped hillocks of which compare only to those in the Valley of Peking, China where the hillocks narrow the Yellow River. Chinese flat-topped hillocks are now in danger as there exists the possibility that they disappear if a recent project envisaging the construction of several dams on that river, is carried out.

In the Valle de Viñales low clouds formed by the morning fog, create a fantastic irreal feeling. It seems as if luxuriant islands were floating in the middle of the clouds and the mountains white hanging on the sky. Such unmatched sight dissipates as the sun rises in the sky and its rays warm the earth. It seems as if all of a sudden, a devised scene was painted when colours and the flat-topped hillocks take possession of the incomparable landscape.

A funny anecdote is often told of a famous Cuban landscape painter who was withheld an extraordinary prize at a biennial because the jury felt that the scenery in the painting though beautiful and well painted, was a fantastic one.

Restauración del mural de la Prehistoria.
Restoration of the mural of Prehistory.

base de su alimentación. Ya de mañana la pulcra señora prepara la colada, con el mejor detergente natural, la ceniza, al escasear el jabón.

Los vecinos con medios naturales construyen una nueva casa para albergar el ganado.

Adentrándonos en el valle, encontramos un circo de mogotes, donde en una gran pared se exhibe "El Mural de la Prehistoria", un chocante, colorista y gigantesco Mural, donde se representan figuras de grandes reptiles Jurásicos, pintado con vivos colores, tapan la piedra del cantil, contrastando con este fabuloso paisaje natural que jamás paleta humana logrará mejorar.

En este maravilloso paisaje se ubica un Ranchón criollo, bien identificado con el entorno, donde encontramos una de las peculiaridades musicales de Cuba, extraño instrumento, a caballo entre pianola y órgano, todo él construido en madera, con las partituras hechas de cartón y un sonido propio muy agradable.

Otra de las peculiaridades de esta zona, esta vez gastronómica, son los célebres asados al horno de leña, de cochino y pollo, acompañados de arroz negro o congrí con judías, ambos platos hacen las delicias de los gourmets.

Al viajar entre los mogotes, misteriosos y espectaculares, avistamos recoletos y maravillosos valles, circundados por agrestes y verticales mogotes, cubiertos por densa selva.

La fértil vega está cultivada, aprovechando el aporte de minerales de las montañas próximas.

Diferentes plantas autóctonas, de gran interés crecen en su entorno como lindísimas Melastomaceas, características del Caribe, o la *Mimosa púdica*, una leguminosa extendida por las zonas trópico-ecuatoriales húmedas del Planeta. Su sensibilidad es tan espectacular que al tocarla repliega sus hojas, incluso doblan los tallos.

Siguiendo el majestuoso vuelo del Aura, encontramos un paraje muy especial, donde se acumulan especies botánicas endémicas, extraordinarias, plantas exclusivas del precioso Valle de Ancón, donde el tiempo parece haberse detenido.

Entre los riscos de estos cantiles calizos, asoman largas varas, son las inflorescencias de una de las plantas más raras de la flora cubana, se trata de la *Spatelia brithonii*, florece una sola vez en su vida y luego muere.

Los ceibones de mogote, son árboles parientes de las ceibas africanas, exclusivos de esta zona de Cuba. También el barrigudo *Bombacopsi cubensis,* es familiar de los baobab africanos, sólo se encuentra en este lugar, así como la Palmita de la Sierra.

Cuban peasants, "guajiros" live in palmtree houses called "bohios". They grow manioc and other plants and breed cattle, the basis for their feeding. At a late hour in the morning, a tidy woman, is about to do the washing with the best natural detergent, ash, as soap is quite scarce.

Neighbours having natural means, are building up a new house to give shelter to their cattle.

Up into the valley, we find a circus of flat-topped hillocks where "The Mural of Prehistory" is displayed on a large wall. It is a giant shocking, colourful Mural depicting the figures of some large Jurassic reptiles. Painted in vivid colours, it covers up the stone of the cliff in contrast with the fabulous natural landscape that no human palette will ever get to paint.

In such a wonderful scene there is a Restaurant well identified with the environment surrounding it, where we find one of the musical peculiarities of Pinar del Rio: a strange instrument on the borderline between a pianola and an organ, entirely made of wood with the scores of cardboard and a very pleasant particular sound of its own.

Another peculiarity of this region, a gastronomic one in this case, is the well-known roast pork and chicken cooked in a wood oven and accompanied by "congrí", a meal of rice and beans. Both dishes delight gourmets.

Travelling through the mysterious spectacular flat-topped hillocks, the visitor catches sight of quiet wonderful peaceful valleys surrounded by wild upright hillocks carpeted with a dense forest.

The fertile valley is cultivated and good use is made of the minerals provided by the nearby mountains.

Various autochthonous plants of a great interest such as the lovely Melastomaceae typical of the Caribbean region or the "Mimosa púdica", a leguminous plant extended over the tropical-equatorial areas of the Planet. These plants are so dramatically sensitive that they fold up their leaves and even their stalks bend when they are touched.

Following the majestic flying of the turkey buzzards, we find a very special place where endemic botanic species gather. These are extraordinary plants exclusive to the beautiful Valle de Ancón where time seems to have stopped.

Long stalks show amongst the crags of the calcareous cliffs. These are the inflorescences of one of the rarest plants of Cuban flora: the "Spatelia brithonii" which blooms just once in its life and dies.

"Ceibones de mogote" are trees exclusive of this region of Cuba related to African ceibas. Likewise, the "barrigudo" or "Bombacopsi cubensis" is related to African

Numerosas plantas rupícolas, viven sujetas a sus verticales paredes, las más visibles a distancia son grandes pencas o aloes.

En este extraordinario paisaje, como anunciando lo que guardan sus entrañas hay una cueva abierta, poco común, la erosión dejó al aire parte de sus galerías. Se aprecian estalagtitas y estalagmitas, con todas las formaciones características de una espelunca.

Próxima a un especial Ficus de grandes raíces aéreas, parasitado por bellas lianas, se halla la entrada de la Cueva del Indio, una de las muchas existentes entre los mogotes, horadados como queso de Gruyere. Cuba es uno de los lugares del mundo con mayor número de grutas, algunas de gran tamaño.

Visitar las entrañas de la tierra es descorrer un velo de misterios, para contemplar el espectáculo atesorado por Madre Naturaleza en lo más profundo de sus entrañas. Las formaciones calcáreas resultan de gran belleza, modeladas pacientemente por el aporte lento de gotas de agua con sales cálcicas.

El desgaste de paso del agua va diluyendo la blanda roca caliza, así horada cavernas, modelando hermosas salas, donde va sedimentándose su componente calizo y cristaliza, penden preciosas estalactitas, su contínuo goteo, da vida a las estalagmitas, quienes crecen de abajo arriba. Caprichosas y diferentes formaciones bellísimas, caracterizan las cuevas.

Si observamos con atención veremos preciosas y delicadas cristalizaciones, también perlas calcáreas, formadas durante el período de inmersión, cuando la cueva estaba inundada.

Navegar por un río subterráneo siempre es emocionante, descorremos un velo de misterio. Admiramos el maridaje entre agua y tierra, de cuya fusión nacen hermosas formaciones, cada una diferente de la anterior.

La salida al exterior con la luz cegadora del día, hace que los verdes de las orillas de la selva parezcan más brillantes, en contraste con los marfiles, grises y ocres del interior.

El valle de Viñales produce diferentes cultivos en sus feraces tierras. Legado del pasado de los colonos españoles es el arado con bueyes, mantenido tradicionalmente hasta el presente.

Las plantas de café, ahora de uso cotidiano y excelente calidad, fueron importadas en sus orígenes del Yemen, desde Oriente Medio se extendió a Africa, de allí se exportó a Cuba. Se recogen las bayas rojas maduras, de ellas se extrae la semilla o grano, para dejarlo secar y su posterior tueste.

baobabs. The "barrigudo" and the "Palmita de la Sierra" can be found in this place only.

Many rock plants live hanging on the vertical walls in the region. Of such plants, large prickly pears and aloes are the most visible ones from a distance.

In this extraordinary landscape which appears to announce what the bowels of the earth keep in their inside, there is an unusual open cave. Erosion has exposed a part of its galleries in which stalactites and stalagmites can be seen with all the formations typical of such a "spelunk".

The "The Indian's Cave", one of the many caves existing amongst the flat-topped hillocks pierced with holes like a Gruyère cheese, is near a special Ficus of large aerial roots parasited by beautiful lianas. Cuba is one of the places in the world with a large number of caverns some of which are quite large in size.

Visiting the bowels of the earth is removing a veil of mystery to contemplate a spectacle hoarded by Mother Nature in the bottom of its bowels. Calcareous formations patiently moulded by the slow contribution of the drops of water containing calcium salts, are very, very beautiful.

Wearing away deriving from the passage of water, dissolves the soft limestone little by little. It is in this way that caverns are excavated and beautiful chambers are moulded where the calcareous component of water settles and crystallizes into beautiful hanging stalactites. The continuous dripping of water gives birth to stalagmites which grow from bottom to top. Most beautiful different fanciful formations characterize caves.

If you look attentively, you will see wonderful delicate crystallizations and calcareous pearls formed during the immersion period when the cave was flooded.

Navigating an underground river is always an exciting experience as a veil of mystery is removed. We admire the close relationship between the earth and water from which beautiful different formations from one another stem.

Going out of the cave into the blinding daylight causes the green colours of the edges of the forest to seem brighter in contrast with the ivories, greys and ochres of the inside.

The "Valle de Viñales" produces various crops in its fertile soil. Tilling the soil with a plough drawn by oxen, is a bequest of Spanish colonists in the past which has been preserved as a tradition up to the present time.

Coffee plants of everyday use nowadays and an excellent quality were originally imported from Yemen.

El tabaco es una de las industrias más prósperas del Valle de Viñales y de la Provincia de Pinar del Río.

En la bella población de Pinar, plena de calles recoletas de neto corte hispano, se hallan varias fábricas de tabaco donde parece haberse detenido el tiempo, todo se hace manualmente, como siempre ha sido. La selección de las hojas se realiza con cuidado, acariciando cada una.

La figura del lector de tabaquería es primordial, mejor que la radio, gracias a él se cultivan los cerebros de los trabajadores, adormecidos por el trabajo monótono, lee libros, novelas y el periódico, comentando lo más destacado de la gaceta local.

La hoja sigue un proceso de transformación sucesiva, una vez seca, pasa por especialistas de una selección y sacan la dura nerviación central, luego va a quien efectúa el relleno y liado, que ha de hacerse con gran habilidad. Para que todos los puros queden iguales se introducen en moldes de madera, donde se recortan los sobrantes, reutilizados como relleno.

Una vez realizada la operación se pasa al prensado, donde adquieren la consistencia debida.

Finalizado el proceso se colocan las vitolas, anillos de papel, garantía de marca. Para al final hacer los mazos, que curiosamente se almacenan bajo el cartel de "no fumar", toda una recomendación que va contra la industria, pero es muy saludable.

Coffee extended from the Middle East to Africa and from there it was exported to Cuba. Mature red berries are harvested and beans are extracted from berries for drying and roasting.

Tobacco is one of the most prosperous industries in the "Valle de Viñales" and the Province of Pinar del Río.

In the beautiful village of Pinar, full of quiet streets in a clear Spanish style, there are several tobacco factories where time seems to have stopped: Everything is done by hand, just as it has always been. Leaf selection is carried out with great care and each leaf is caressed.

Reading is of prime importance and better than listening to the radio. Thanks to the fact that a reader reads books, novels and newspapers and comments on the most outstanding news in the local gazette, workers cultivate their minds made sleepy by the monotonous work.

Tobacco leaves go through a process of successive transformations. When dry, they are selected by specialists who suppress the central nervure. Next, they go through the process of filling and rolling which must be carried out with a great deal of skill and expertise. Cigars are placed into wooden moulds so that they are all the same size. Excess filling is trimmed and reused. Cigars are then pressed so that they may acquire the required consistency. After completion of the process, bands are placed on the cigars. Bands are paper rings used to guarantee the brand. Finally, cigars are made into bunches which curiously enough, are stored under a "No Smoking" sign, a recommendation which is contrary to the tobacco industry's interests. However, it is very salutary.

Amanecer en el Valle de Viñales.
Sunrise at Vineyards Valley.

Estructura de construcción Guajira.
"Guajiro" building frame.

Comienzo del día en el Valle de Viñales.
Beginning of the day at Vineyards Valley.

Guajiro arando con bueyes.
A "guajiro" or peasant tilling the soil with an oxen-drawn plough.

Formaciones calcáreas en el Valle de Viñales. ➤
Vineyards Valley. Calcareous formations.

Organo pinareño con músicos y premios.
Pinar del Rio. Organ, musicians and prizes.

Música y partitura de órgano pinareño.
Pinar del Río. Music and scores for the organ.

Mogotes en el Valle de Viñales. ➤
Vineyards Valley. Flat-topped hills.

94

Lector, fábrica de tabaco de Pinar del Río.
Pinar del Río. Reader at the tobacco factory.

Seleccionadora de hojas de tabaco.
Woman picking out tobacco leaves.

96

Orquídea.
Orchid.

Cueva abierta, Valle de Ancón.
Open cave. Ancon Valley.

PENINSULA DE ZAPATA

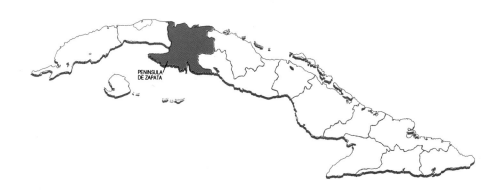

Nos trasladamos ahora a uno de los lugares más atractivo, sugerente y salvaje de Cuba: la Península de Zapata, internándonos en la Ciénaga, nos esperan numerosas sorpresas a cual más interesante.

Navegar por sus tranquilas aguas es una delicia. Por los canales llegamos a una gran laguna interior de 16 kilómetros cuadrados, llamada "del tesoro" por que los taínos, antiguos habitantes de esta zona, prefirieron tirar su tesoro al agua, antes de entregarlo a los conquistadores españoles. Esta laguna une y aísla la reconstrucción de la aldea Taína.

Un silencioso monumento a este pueblo, donde las esculturas de la célebre artista cubana Rita Longo, rememoran la vida de una étnia, cuya cultura solamente queda en el recuerdo. El silencio únicamente es roto por el canto de las aves, el roce de las hojas mecidas por el viento y las voces de los visitantes.

Confortables palafitos, acogen a los viajeros durante la noche. para al día siguiente seguir la exploración, contemplando un maravilloso amanecer, como sólo se ven en los trópicos, cuando no está nublado.

Going into the interior of the "Ciénaga", we are now moving to one of the wildest attractive, suggesting places in Cuba where a good number of surprises all equally interesting, are awaiting us.

Navigating its quiet waters is a delight. Through the channels, we arrive at a large interior lake of 16 square kilometres. It is called the "Laguna del Tesoro" because Tainos, the ancient inhabitants of the region would rather throw their treasure into the water than surrender it to the Spanish conquerors. This lake joins and isolates the reconstructed Taino hamlet, a silent monument to this old people where sculptures by famous Cuban artist Rita Longo recall the life of an ethnic group whose culture is a memory of ancient times only. Silence is broken by the singing of birds, the sound of tree leaves being swayed in the wind and the visitors' voices.

Visitors are housed in comfortable palafittes overnight. Next day, they will go on with their trip after having contemplated a wonderful sunrise as it may only be seen in the tropic when the sky is not cloudy.

Agua teñida por los taninos del manglar.
Water dyed by the mangrove swamp tannins.

En Guamá nos esperan varias sorpresas. Al desembarcar apreciamos una densa vegetación, algunas especies importadas a este suelo ubérrimo y hospitalario, pronto toman carta de naturaleza.

Del barro de la ciénaga salen artesanas cerámicas primorosamente decoradas, cuentas de barro pintadas forman artísticos collares, recuerdos de esta tierra amistosa y simpática. Todo un proceso hermoso de contemplar en la Fábrica de Guamá.

La Ciénaga de Zapata es un emporio de vida, muy bien conservado, uno de los pantanales más importantes del Caribe, con 4.230 kms. cuadrados. Numerosas aves de paso, la utilizan como descanso y puente entre Norteamérica y Sudamérica, como: la bella garza cuellirroja, espátula rosada, otras especies de Ardéidas, ibis, ánades, avecillas de diferentes especies y tamaños, forman una larga lista de unas 300 especies, casi tantas como hay en todo un país europeo.

El manglar es la vegetación predominante, situada en una marisma de gran tamaño, sobre un suelo de arrecife coralino emergido. Con lagunas internas de agua dulce y cenotes. Donde no es difícil encontrar águilas pescadoras.

En el corazón del Parque nos encontramos con el Centro de estudios de la Ciénaga. Aislados de la civilización, arrostrados biólogos y guardaparques, viven en estos habitáculos, en turnos semanales: mosquitos, humedad e incomodidades, son la moneda cotidiana, sólo compensada con paz, silencio y la posibilidad de contemplar una Naturaleza pura e ignota.

Numerosas aves se congregan en la época de migración, para dar el salto definitivo a tierras continentales. Otras son endémicas, como el precioso canario de ciénaga o la gallineta de Santo Tomás y una de las aves más pequeñas del mundo el zunzunzito, cuyo cuerpecillo cabe en un dedal.

Sorprendemos a los graciosos andarríos, de andares menudos y rápidos, capturando un grueso escarabajo.

Los flamencos son las aves más llamativas y de mayor tamaño que habitan la Ciénaga, cuando vuelan, con su plumaje de color blanco y fuego, parece como si el pantanal ardiera. Garzas de varias especies, espátulas rosadas, garcetas e ibis son habitantes de los manglares. Frecuentemente se ven como pescan las garzas azules, las jóvenes tienen el plumaje blanco, por ello resultan fácilmente confundibles con otras especies.

Si observamos los mangles, vemos unas curiosas raíces pivotantes sobresalir del agua, llamadas pneumotóforos,

In Guamá there are several suprises awaiting visitors. The first thing to be appreciated upon disembarking, is a luxuriant vegetation. Some species imported into this fertile hospitable soil have been accepted very soon.

Handicraft ceramics exquisitely decorated and necklaces of painted mud beads, the souvenirs of this kind friendly land, are made from the mud of the swamp. Watching the whole process at the kiln factory of Guamá is an spectacle.

"The Ciénaga de Zapata" is a very well preserved emporium of life and one of the most important marshlands in the Caribbean region with a surface of 4,230 square kilometres. Many migratory birds and birds of passage such as red-necked herons and pink spoonbills use this area as a place to rest in on their way from North to South America. Other species of Ardeidae, ibis, ducks and birds of various species and sizes form part of a long list including nearly 300 species in all, that is, nearly as many as those existing in a whole European country.

Mangrove is the vegetation prevailing in a large salt marsh on a soil of coral reef with small freshwater lakes and "cenotes", that is, "natural wells" where it is not difficult to find sea eagles.

The Ciénaga Research Centre is located in the heart of the Park. Brave biologists and foresters work here in weekly shifts and live in small dwellings isolated from civilization. Mosquitoes, dampness and inconveniences are everyday stuff only compensated with peace, silence and the possibility to contemplate an unknown pure Nature.

Large numbers of birds assemble here in migration time to take their final jump toward mainland. Other birds such as the wonderful Zapata yellow warbler or the "Gallineta de Santo Tomás" and the "zunzunito", one of the smallest birds in the world whose body fits in a thimble, are endemic. Graceful "thick-billed plover" with a short swift walk may be surprised chasing a big beetle.

Flamingos are the largest and most striking birds living in the Ciénaga. When they fly with their white and fire-coloured plumage, it seems as if the marshland was on fire. Herons of several species, pink spoonbills, egrets and ibis are the inhabitants of mangroves. Blue herons may often be seen fishing. Their plumage is white when they are young with the result that they may be easily confused with other species.

Looking closely at the mangroves, some curious adventitious roots are seen standing out of the water. They are named "pneumatophores" and their function is not well

cuya función no está bien conocida, aunque se sabe sirven para respirar y así las cepas no se pudren.

A medida que el suelo del manglar se eleva, se forma un denso bosque, gracias al aporte de los detritus de estos árboles, se asientan otros que lo hacen más complejo, la vida es más variada, encontrándose desde pequeños invertebrados a especies de buen tamaño. Arboles como el guao, cuyo roce produce inflamaciones alérgicas, aunque para las termitas suponga un seguro refugio.

Internándonos en la ciénaga encontramos interesantes especies de reptiles, como el magnífico Cocodrilo cubano, -*Crocodyllus rhombifer*- endémico, es decir específico de este área, también el Cocodrilo de Florida o Caimán americano, *Crocodyllus acutus-,* al parecer realiza largos desplazamientos desde la Península de Florida y viceversa-. Estos animales con más de cuatro metros de longitud, estuvieron en peligro de extinción, gracias a una protección eficaz hoy se contabilizan unos 7.000 ejemplares libres, reproduciéndose normalmente.

Diversas granjas, repartidas por diferentes lugares del país, consiguen su reproducción para explotar sus pieles. Entre los criaderos, como el de Guamá, en esta zona, se encuentran unos 10.000 de estos saurios, quienes devoran su ración de carne con voraz apetito.

Una de las especies más singulares de la Ciénaga es el pez-cocodrilo o manjuarí, -*Atractosteus tristoechus*-, verdadero fósil viviente. Este extraño vestigio de un lejano pasado y otros habitantes de las aguas, como los galápagos, son presas frecuentes de los cocodrilos. Se vende disecado como recuerdo, esperemos que esta pequeña industria incipiente, no colabore a su extinción.

Tierra adentro encontramos otros interesantes habitantes de estos parajes.

El Chipojo -*Leicocephalus cubensis*- es un saurio, pariente de las iguanas, de unos 60 cm de longitud, es el de mayor tamaño de su Género, estos singulares reptiles tienen la pecularidad de exhibir la piel del cuello, estirándola gracias a un mecanismo de sus hioideos, aquí le llaman "sacar el pañuelo".

El gigante de las serpientes es la pacífica Majá de Santamaría, -*Epicrates angulifer*- inofensiva boa de hasta 4 metros. Una de sus presas preferidas son los grandes roedores, de costumbres arborícolas y muy frugívoros, llamados jutía, -*Capromvs sp.*-, con varias especies propias de la isla. En algunos lugares fueron casi extinguidos a causa de la caza, por ser muy apreciada su carne.

El venado de Florida fue importado hace más de un

known. It is believed that they help the plant breath so that stumps will not rot.

A dense wood is formed as the mangrove swamp ground rises. Thanks to the detritus contributed by mangroves, other trees settle in a more complicated manner and life becomes more varied; it ranges from small invertebrates to species of a good size. There are trees such as the guao the touch of which causes allergic inflammations. However, it is a safe shelter for termites.

Going deep into the swamp, interesting species of reptiles are found such as the fine Cuban crocodile, *Crocodyllus rhombifer* which is endemic, that is, it belongs specifically to this area; the "Florida crocodile" also called "American cayman", *Crocodyllys acutus* which appears to make long journeys to and from the Peninsula of Florida and vice versa. These animals over four metres in length which were in danger of extinction, now number about 7,000 free specimens and reproduce normally thanks to an efficient protection.

Several farms scattered here and there about the country succeed in having these animals reproduce in order to exploit their skins. In the breeding places in the area such as the one located in Guamá, there are about 10,000 saurians of this species which gobble up their share of meat with a voracious appetite.

One of the most singular species living in the "Ciénaga", is the "manjuarí" or "pez cocodrilo", *Atractosteus tristoechus*, a true living fossil. This strange vestige of a distant past and other inhabitants of these waters such as turtles are often a prey to crocodiles. They are sold stuffed as souvenirs. So, it is to be hoped that such an incipient industry will not cooperate to their extinction.

Other interesting inhabitants of this region are found inland. The "Chipojo", *Leicocephalus cubensis*, is a saurian about 60 cm. long related to iguanas. This singular reptile is the largest one in its genus and has the peculiarity of displaying its neck skin by stretching it with the aid of a device in its hyoids. Such a display is called "Display the flag" by natives.

The giant of Cuban snakes is the quiet peaceful "Majá de Santa María", *Epicrates angulifer*, an inoffensive boa of up to 4 metres in length. One of its favourite preys is some large tree-dwelling frugivorous rodents named "hutias" or "jutias", *Capromys sp.* of which there are several species in the Island. Such rodents became nearly extinct because of hunting as their meat was very much appreciated.

siglo, adquiriendo carta de naturaleza en la isla, y presa buscada por los cazadores.

En el bosque encontramos bellas mariposas y abejas muy singulares revestidas de densas pilosidades, no son agresivas, se pueden tocar sin que piquen. Su colmena es un complejo laberinto, hecho de una pasta amasada con su saliva que adquiere consistencia de cartón duro e impermeable.

El saltamontes hoja pasa desapercibido en la enramada, así salva su vida, si queremos verlo hemos de ir muy atentos a las plantas que nos rodean.

Los nenúfares, se desarrollan en gran profusión en cuanto tienen agua dulce.

Un curioso y especial fenómeno de la Ciénaga de Zapata, son los Cenotes, cuevas marinas afloradas, rota su cobertura quedan sus grutas y salas al exterior, simulan charcas o lagunas. Están conectadas por el mar por una red de galerías, el agua salada pasa a través de ellas. Resulta, cuando menos curioso, encontrar fauna marina tierra adentro, como cangrejos y bellos peces de arrecife. Llegan a estos lugares a través de los túneles naturales, acostumbrándose a comer de manos de quienes les ofrecen algo, como pan o restos de comida.

Sumergirnos en estos abismos naturales es toda una aventura y experiencia única, eriquecedora del conocimiento de estos hermosos parajes, todavía con numerosos lugares por explorar.

En las paredes de las cuevas encontramos a un genuino habitante de la noche, los murciélagos pescadores, estos mamíferos voladores se alimentan de peces, en vez de hacerlo de insectos, los capturan con sus garras, auxiliándose de sus afiladas uñas, de las que penden cuando están en reposo. Cuando crían, se pueden ver a los jóvenes asomar entre sus alas.

The white-tailed Florida deer was imported longer than one century ago and has come to seem native. It is a very appreciated trophy for hunters.

Beautiful butterflies and most singular bees may be found in the wood. These bees are covered with a dense pilosity and are not aggressive; they may be touched as they do not sting. Their hives are complex labyrinths made of a paste mixed with saliva which becomes as consistent as hard waterproof cardboard.

The "Leaf-grasshopper" goes unnoticed in the branches of the trees. That is how it saves its life. If you want to see it, you must walk attentively watching the plants surrounding you.

Water lilies grow profusely if they have some freshwater at all.

Some sea caves appeared on the surface and named "Cenotes" are a curious special phenomenon. Their cover having been broken, their caverns and chambers are exposed in the outside and look like ponds or small lakes. They are communicated with the sea by a network of galleries flooded with sea water. It is at least curious to find sea fauna such as crabs and beautiful "Reef fishes" in the interior of the country. They come to these places through the natural tunnels and get used to eat out of the hands of the people offering them something like some bread or leftovers.

Diving into these natural abysses is a real adventure and a unique experience enriching the knowledge of such beautiful places still unexplored to a large extent.

A genuine nocturnal inhabitant dwells on the walls of the caves: the "Fishing bat", a flying mammal feeding on fishes rather than insects which it catches with its claws with the aid of its sharp nails on which it hangs when at rest. When suckling, the young may often be seen leaning out of their mothers' wings.

Amanecer en Guamá.
Sunrise at Guamá.

104

Cocodrilo cubano en el nido.
A Cuban crocodile in its nest.

Loro cubano.
A Cuban parrot.

Aldea taina de Guamá.
Guamá. Taino hamlet.

Alfarero de Guamá.
Guamá. Potter.

Decoradora de cerámica. Guamá.
Guamá. Ceramic decorator.

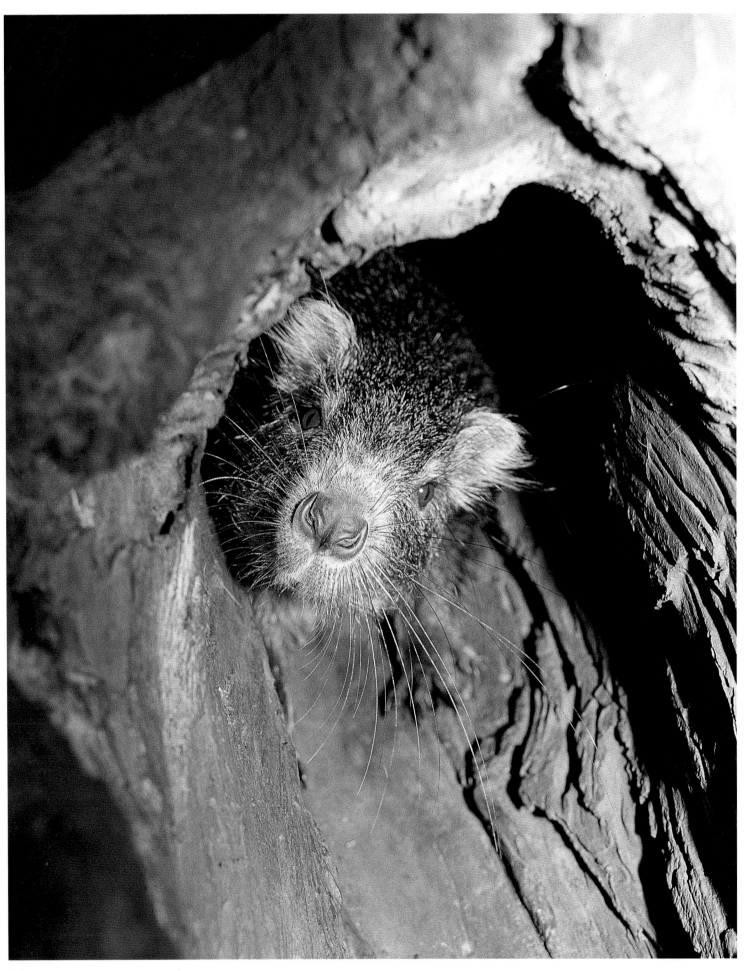

Jutia.
Jutia.

Cueva abierta con agua o cenote.
Water-flooded cave or "cenote".

Cocodrilos en la Ciénaga de Zapata.
Zapata Swamp. Crocodiles.

Entrada de Guamá en el lago del Tesoro.
Treasure Lake. Entrance to Guamá ➤

114

Cotorrita Catey.
Catey small parrot.

Trapiche extrayendo el jugo de caña.
Sugar mill. Squeezing the cane.

HANABANILLA Y JIBACOA

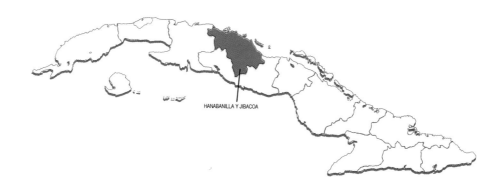

HANABANILLA Y JIBACOA

De la Península de Zapata, nos dirigimos a otra zona húmeda, al Lago Hanabanilla.
Jibacoa es una pequeña población, situada en un fértil valle recoleto, lleno de encanto, con pequeñas casas, en su mayoría hechas de palma, situada entre cerros selváticos, cerca de la orilla del lago artificial.

Un rebaño de ovejas pardas, todas iguales, venidas desde el pueblito, pastan sobre la verde alfombra de la pradera que cubre toda la superficie de la presa, mientras las grandes auras revolotean bajo, con sus amenazantes siluetas negras.

Cerca de su ribera los pescadores lanzan sus liñas a las quietas aguas, tan sólo onduladas por la brisa. Tomamos una lancha para recorrer este hermoso paraje, donde se encuentran las truchas de mayor tamaño del mundo, ejemplares de hasta 40 kilogramos.

Sus orillas están jalonadas por densa selva, con plantas propias del lugar, algunas muy especiales, en los cantiles y rocas que aproan al lago, se instalan plantas rupícolas, algunas de gran entidad como los ágaves o pencas.

En el bosque existen bellísios ejemplares de flora lo-

From the Peninsula of Zapata, we make our way toward another damp region, Hanabanilla Lake.
Jibacoa is a small village with small houses most of which are made of palm-trees. It is situated in a fertile peaceful valley full of charm, surrounded by forest hills near the edge of an artificial lake.

A flock of all equal grey sheep from the small village graze on the green carpet of the prairie covering the whole area around the dam whilst large turnkey buzzards are flying about with their threatening black figures.

Near the edge of the dam, a few fishermen "throw their lines" into the quiet waters undulated by the breeze only. In a fishing boat we travel round this beautiful region where the largest trouts in the world up to 40 kilograms in weight are found.

The shore of the dam is dotted with dense forest with plants peculiar to the place, some of them being really special. Rock plants, some of them having an impressive entity as is the case with prickly pears and aloes, settle on the cliffs and rocks going deep into the lake.

Very beautiful specimens of the local flora and

← Bosques de Hanabanilla.
Hanabanilla woods.

cal y árboles centenarios, ceibones considerados sagrados, respetados a través de los tiempos.

Entre densa foresta se encuentra una de las instalaciones más originales, "Río Negro", un Restaurante situado en medio del bosque, donde podemos reponer fuerzas, observar los encantos de la selva, tal la hermosa flor nacional llamada mariposa y el bucólico paisaje lacustre.

Mientras preparan la mesa, observamos a la Yagruma, planta que avisa de la humedad relativa volviendo sus hojas, como el monje de la capucha: si muestran el plateado envés, indican próxima lluvia.

Los lagartijos o anólis, con más de 40 especies clasificadas en toda la isla, se ocultan bajo techo, saben lo que se avecina. El cielo está gris, camufla entre brumas las montañas, un viento fuerte preludia la descarga de la tormenta.

Las fuertes lluvias tropicales son todo un espectáculo, generalmente de no mucha duración, contemplándolas se justifica el verdor espléndido de los vegetales de la zona.

Tras la tempestad viene la calma. Una vez finalizado el espectáculo natural, después de una buena comida, hay que emprender regreso.

La vegetación de las orillas del lago y la gran densidad de sus plantas acuáticas, permite que diversas aves encuentren el medio adecuado para reproducirse.

Viajar a través del lago Hanabanilla es un placer que atrae cada día a mayor número de turistas.

La variedad de los paisajes y la hospitalidad de sus gentes, nos acerca a una hacienda campesina, donde compartimos la sosegada vida cotidiana de sus amables moradores. Al comienzo se nos observa con cierta desconfianza, las mujeres se asoman a las ventanas como si estivieran en la ciudad. El hielo se rompe pronto, obsequiándonos con un cafelito inolvidable, en su casa de palma, mientras gochos, gallinas y perros campan a su aire.

De regreso al Hotel de la población de Hanabanilla, subimos a lo alto de sus acogedoras terrazas, podemos admirar la hermosura y grandiosidad del paisaje del lago.

"ceibones", hundred-year old trees considered to be holy and respected through the ages, exist in the wood.

Situated in the middle of the wood, there is one of the most original establishments, the "Río Negro" Restaurant where visitors can recover strength and enjoy the charms of the forest such as the beautiful national flower called "Butterfly" and the bucolic lake countryside.

While servants lay the table, we contemplate the "Yagruma", a plant that warns of relative humidity by turning its leaves just like the monk with the cap. When it shows the silver-coloured back of its leaves, it announces that rain will fall soon.

The lizards or anoles of which there are over 40 classified species throughout the island, get under cover as they are aware of what is approaching. The sky is grey and covers up mountains with mist. A strong wind preludes the storm about to break over.

Strong tropical storms are quite a show usually not very long in length. Seeing them, you come to understand why the verdancy of the plants in the region is so splendid.

It is the calm after the storm. It is time to go back after the end of the natural spectacle followed by a good meal.

The exuberant vegetation growing up on the sides of the lake and the abundant aquatic plants living there, enable various birds to find the appropriate means to reproduce.

Travelling through the Hanabanilla Lake is a pleasure luring more and more tourists to the place.

The variety of the landscape and the hospitality of the people living in this place, brings us to a country property where we share the calm everyday life of its kind dwellers. At first, they look at us with a hint of suspicion. Women put their heads out of the windows as we pass by just as if it was a street in town. However, they break the ice soon and offer us an unforgettable cup of coffee in their house made of palm-trees whilst pigs, hens and dogs move around freely.

Back at the Hotel in the village of Hanabanilla, we climb the stairs up to its inviting balconies and contemplate the beauty and magnificence of the landscape surrounding the lake.

Mortero de maíz.
Maize mortar.

Panorámica del lago Hanabanilla.
Panoramic view of Hanabanilla Lake. ➤

122

Los tres estadios del café.
The three phases of coffe production.

Lajas de piedra y bosque, lago Hanabanilla.
Stone slabs and wood. Hanabanilla Lake.

TRINIDAD

Desde las tranquilas aguas de hanabanilla nos trasladamos a una de las poblaciones más bellas de Cuba, considerada por la UNESCO Patrimonio de la Humanidad desde 1.988.

Se trata de Trinidad, joya colonial, conservada con esmero por los cubanos, quienes se sienten orgullosos de ella. Fundada por Don Diego Velázquez en 1514, quien encontró una población indígena amistosa y minas de oro a cielo abierto.

Ciudad próspera, con altibajos históricos, olvidada en la primera mitad del siglo XX, no se edificaron nuevas construcciones, manteniendo así su primario aspecto, lleno de encanto y cargado de Historia. Antaño se asentaron corsos, con patente de la Corona Española, y piratas, cazadores de botines entre los barcos franceses, holandeses e ingleses, su carácter independiente y orgulloso a la vez, ha hecho de los trinitarios gente de paz y cultura, pero también de bravos guerreros, reafirmados en cada revolución, de trinitarios se proveyó Hernán Cortés para salir a la conquista de México.

El mercadillo de artesanos tiene especial encanto, donde, artistas y artesanos exhiben sus creaciones en puestos callejeros. Los turistas acuden gustosos, con sus compras colaboran en la economía local.

From the quiet waters of Hanabanilla, we travel to one of the most beautiful towns in Cuba which was declared a Heritage of Mankind in 1988. It is Trinidad, the colonial jewel town preserved with care by Cubans who are proud of it. The town was founded in 1508 by Don Diego Velázquez who found a friendly native population and opencut gold mines.

A prosperous town with ups and downs in its history, it lay in oblivion during the first half of the 20th century. No new houses were built and the town retained its primary look full of charm and history. Corsairs with letters of marque issued by the Spanish kings, and pirates, hunters of treasures and other people eager to obtain large booties from the seizure of French, Dutch or English ships, settled here in the past. Being peaceful, with a vast culture and an independent proud character, the natives of Trinidad are also brave warriors. It was these people that Hernán Cortés had accompany him when he left to conquer Mexico.

The handicraft street market has a special charm. Craftsmen show their creations in small stands. Tourists go to this market and contribute to improve local economy by purchasing the articles sold.

Patio de casa museo de Trinidad.
"Patio" ("Yard") of the Museum House of Trinidad.

Los elementos naturales predominan entre la materia prima: hilo, algodón, cocos, hojas de palmera... con ellos confeccionan bellas creaciones de ganchillo, macramé, cestería y tallas.

Numerosos rincones, como la recoleta plaza de Santa Ana, hacen de la visita a Trinidad un recuerdo imborrable. Para los españoles es como estar en casa, la arquitectura es similar a la de muchas poblaciones de España.

En la Plaza Mayor o de la Catedral, una pareja de recién casados, se fotografían para el recuerdo, se inmortalizan en los lugares que consideran más bellos de su linda villa. La novia, como marca la tradición, luce un hermoso vestido blanco lleno de puntillas bordadas a mano, a la antigua usanza.

Siguiendo sus pasos, nos introducimos en el Museo de la Arquitectura, donde encontramos Historia, maquetas de los Ingenios y bellas piezas, muy entroncadas con la Historia de España, así como uno de los patios más bonitos.

Entre los Próceres de esta hermosa localidad, destaca el Historiador Don Carlos Joaquín Zerquera, descendiente de españoles, conoce como nadie esta maravillosa ciudad, al haber dedicado su vida a la investigación de Trinidad. Departir con él, escucharle, es como asomarse a un libro vivo, lleno de matices y sorpresas, como nadie, sabe hacer sentir cariño e interés por esta alegre y bella ciudad.

Numerosos museos se conservan en los mejores edificios de la población, como el antiguo Palacete de la familia Cantero-Fernández de Lara, propietarios de uno de los más importantes ingenios azucareros de la zona, convertido en el Museo Histórico Municipal, donde podemos contemplar su pasado desde 1514, con preciosas piezas de mobiliario, cerámica y cristal, así como los retratos de los antiguos propietarios y héroes locales, quienes se reúnen en una sala con sus armas y recensiones de su valor.

En una de las alas del caserón, se encuentra también la Historia de la esclavitud, con piezas de castigo, cómo látigos, cadenas y cepos que hoy causan horror.

Es curiosa la frecuencia de gemelos que existen en Trinidad, coincidente con el culto sincrético procedente de Africa a los divinos mellizos Ibeyes, asimilados en la Fe Católica a San Cosme y San Damián.

Contribuye a mantener el antiguo aspecto de sus calles, su antiguo adoquinado, mantenido hasta el presente, encontrándose la ciudad libre de modernos carteles, anunciadores de productos de multinacionales, luces de neón que desintegren el aspecto de fachadas, ni estructuras metálicas que las afeen.

No todo es Historia, también puede gozarse de playas deliciosas, donde relajarse en cómodos y bien equipados hoteles, a precios muy asequibles.

Natural elements prevail amongst the raw materials used by these craftsmen: linen, cotton, coconuts, palmtree leaves.... With these materials, they make beautiful crochet, macramé, wickerwork creations and carves.

Many corners such as quiet Santa Ana square cause visitors to have an unforgettable memory of Trinidad. For Spaniards, it is as if they were at home. The architecture is very much like that of many towns in Spain.

At "Plaza Mayor" also known as "Plaza de la Catedral", a couple of new married people are having photos taken of them in the places of their lovely town they think to be the most beautiful ones. The bride keeping up the tradition, is wearing a beautiful white dress full of hand-embroidered lace edgings in the old style.

Following their esteps, we go into the Museum of Architecture where we find documentation with old historical contents, scale models of mills and beautiful buildings closely connected with the history of Spain, and one of the loveliest patios or yards.

Amongst the eminent persons of this town, Historian Don Carlos Joaquín Zerquera stands out. A descendant of Spaniards, he knows the town better than any other person as he has devoted his live to trace the history of Trinidad. Conversing with him, listening to him is just as if you read a living book full of details and surprises. He knows better than anybody else how to make you feel fond of and interested in this charming joyful town.

Many museums are housed in the best buildings of the town such as the old Mansion of the Cantero-Hernández de Lara family, the owners of one of the largest sugar mills in the region. This Mansion has been turned into the Municipal Museum of History where visitors can contemplate the past of the town since 1514 reflected upon precious pieces of furniture, ceramics and glass and the portraits of old local landowners and heroes which have been assembled with their arms and weapons and the accounts of their feats.

The history of slavery is also shown in one of the wings of the big rambling house where whips, chains, fetters and other terrifying punitive implements may be contemplated.

It is curious how abundant twin brothers are in Trinidad in coincidence with the syncretic worship imported from Africa of divine twin brothers Ibeyes put on an equal footing with Catholic saints "San Cosme" and "San Damián".

The old paving preserved up to the present time, helps to maintain the old appearance of the streets.The town is clear of modern signs advertising products manufactured by multinationals, neon lights ruining facades and metal structures giving them an ugly appearance.

However, history is not all in Trinidad. There are delightful beaches with good well-equipped hotels where visitors may relax at reasonable charges.

Artesanía de ganchillo.
Crochet work.

Tallas en coco.
Coconut carvings.

Panorámica de Plaza Mayor.
Main Square. Panoramic view

Calle adoquinada de Trinidad.
Trinidad. Stone-paved street.

Calle de aspecto hispano de Trinidad.
Trinidad. Spanish-styled street.

132

Ingenio de Guachinango.
Guachinango Mill.

133

Patio Trinidad.
Trinidad. "Patio" ("Yard").

Iglesia y panorámica de Trinidad.
Trinidad. Church and panoramic view.

Patio del museo de la Arquitectura.
Museum of Architecture. "Patio" ("Yard").

Reloj de sol fabricado en Cuba, 1836.
Sundial made in Cuba, 1836.

Caballo a la puerta.
The horse at the door.

Plaza Mayor de Trinidad. →
Trinidad. Main Square. →

Ingenio de Guachinango.
Guachinango Mill.

VALLE DE SAN LUIS O DE LOS INGENIOS

VALLE DE S. LUIS
Ó DE LOS INGENIOS

Los ricos Próceres trinitarios, durante cuatro siglos, transformaron el paisaje, destruyeron bosques y maníguas, construyendo los mayores Ingenios del mundo de caña de azucar y tabaco, hasta hacer de Cuba la primera potencia en su producción, gracias a su interesado tesón y al sudor de los esclavos, traídos de Africa, principalmente del Congo y Golfo de Guinea.

Se construyó el primer ferrocarril de las Américas, que atraviesa gran parte de la isla, para llevar estos productos al puerto de la Habana.

En las mayores de estas fincas, alrededor de la casa principal, se reunían pequeñas poblaciones, eran las viviendas de los esclavos encargados de trabajar las tierras.

Estas grandes fincas han sido conservadas hasta nuestros días, gracias a una política actual de restauración, trabajadas casi como antaño.

Aún hoy podemos contemplar viejos aparatos de los trapiches para exprimir la caña, grandes ollas de hierro y a los descendientes de los antiguos esclavos.

Como reliquias del pasado, dentro de vitrinas hay enseres y ropas de quienes fueran sus propietarios.

During four centuries, the wealthy eminent persons of Trinidad changed the countryside, destroyed the woods and the jungle and built up the largest sugar mills and tobacco factories in the world until they succeeded in turning Cuba into the first producer thanks to both their self-interested determination and the effort of the slaves brought from Africa, especially from Congo and the Gulf of Guinea.

The first railway of America which goes across the island to a large extent, was built to carry such produces to the Havana harbour.

In these properties, the dwellings of the slaves forced to work the land, rose around the main house. Such large properties have been preserved up to the present time thanks to the restoration policy currently in force under which these properties are exploited to a large extent in the same fashion as they were formerly. Many old appliances used in the mills to squeeze cane, large iron pots and even the descendants of old slaves can be contemplated in our time with old household equipment, tools and utensils and the clothes of the landowners displayed as relics of the past in showcases.

Una de las más hermosas Haciendas o Ingenios, perteneció a los Iznaga, poderodos hacendados. Dos de los hermanos, tuvieron el capricho de competir en la construcción del pozo más hondo y la torre más alta, de 65 metros de altura, recuerdos indelebles que han pasado, desde el siglo XVIII.

La caprichosa torre de los Iznaga, según cuenta la tradición, además de poder divisar todas las posesiones familiares, sirvió para defenestrar a la mujer de uno de ellos, que lo traicionó.

En el vecino Ingenio de Guachinango, aún pueden verse medio borradas, las pinturas en las paredes, alusivas a pasajes bíblicos, con algunos muebles y enseres de su propietario Don Mariano Borrell.

Recolectan caña y deliciosos mamoncillos, una frutilla muy dulce, apreciadísima entre la chiquillería.

En el jardín tienen la planta de la suerte, llamada Vencedor, las hojas son de forma variable, se conservan como tréboles de cuatro hojas, solamente las que forman tres lóbulos bien definidos.

Esta amplia zona se denomina "Valle de San Luis o de los Ingenios", transformado durante 4 siglos en 77 sitios o Ingenios. Los siglos XVII y XVIII fueron los de máximo esplendor para la zona, dado el intenso contrabando, la explotación de azúcar y el tráfico de esclavos. La decadencia llegó en el siglo XIX, cuando en Europa se extrajo azúcar de la remolacha, al tiempo que se abolía la esclavitud, al tiempo se potenció la ciudad de Cienfuegos como puerto internacional, lo que obligó a la emigración a muchos de sus moradores.

Hasta 1.955 no se restaura la ciudad, dándole un nuevo impulso turístico que sin duda produce sus frutos, al haberse convertido en itineriario obligado para quienes desean conocer Cuba.

One of the most beautiful of these properties or mills called "Haciendas" or "Ingenios" by the natives, belonged to the Iznagas, wealthy landowners. One of the brothers took it into his head to compete and see which of them bored the deepest well and built up the highest tower, 65 meters in height, indelible memories of the 18th century.

According to tradition, the tower whimsically built by the Iznagas was used not only for making out all their land properties in the distance but also for the defenestration of the wife of one of the brothers who had been unfaithful to her husband.

In the nearby "Ingenio de Guachinango", some nearly faded paintings allusive to biblical passages hanging on the wall and some pieces of furniture and appliances of its owner Don Mariano Borrell may still be seen.

The natives harvest sugar cane and "mamoncillos", a very sweet fruit which is very appreciated by children.

The "plant of luck" named "Winner" is grown in the garden. Its leaves are of variable shapes. Only the plants presenting three well defined lobes, are kept by people in a similar manner as four-leaf cloves are.

This broad region called "Valle de San Luis" or "Valle de los Ingenios" turned into 77 places or "Ingenios" in the course of four centuries; It achieved its greatest splendour in the 17th and 18th centuries with heavy smuggling, sugar cane exploitation and slave trade at their most. Decline came in the 19th century when sugar began to be obtained from beet, slavery was abolished and the importance of the town of Cienfuegos as a port was increased. All these concurring circumstances caused many of the inhabitants of the region to migrate.

Upon being restored in 1955, the town was touristically promoted anew. This policy is bearing fruit as it has become a customary place to visit for those who want to know Cuba.

143

Vías del tren del Valle de San Luis.
Valle de San Luis. Railroad tracks.

144

Olla de trapiche y casas de antiguos esclavos.
Mill pot and old slaves' huts

Cepo de castigo para esclavos.
Stocks used to punish slaves.

SIERRA DEL ESCAMBRAY Y TOPES DE COLLANTES

SIERRA DE ESCAMBRAY
Y TOPES DE COLLANTES

Dominando el Valle de los Ingenios y el de Trinidad, se encuentra la Sierra del Escambray, donde aún existen áreas selváticas, bastante bien conservadas. Su belleza es salvaje, la altitud de sus cumbres permite un clima benigno, más fresco y saludable, atractivo para gran número de visitantes.

Numerosas plantas endémicas son propias de estas sierras. En los Topes de Collantes, se encuentran helechos arborescentes de gran tamaño. Existen diversas cuevas, donde hallamos algún murciélago dormitando. En la isla vive el enano de estos mamíferos voladores que apenas alcanza 4 cm. de envergadura.

La pureza del aire de Topes de Collantes se refleja en la existencia de largos líquenes, denominados en Norteamérica como "barba de español".

En la zona existe un "Curhotel", internacional, con un gran cuadro médico, donde acuden enfermos de todo el mundo a sanar de diferentes dolencias, especialmente de la piel, tratadas con barros y aguas del área, enfermedades pulmonares y parapléjicas, con precios muy asequibles y gran calidad técnica.

Commanding the "Valle de los Ingenios" and Trinidad Valley is Sierra de Escambray where there are still some quite well preserved woodland areas. The beauty of this region is wild and the height of its summits affords a cooler healthier mild climate that is an attraction for many visitors.

Many endemic plants are peculiar to this Sierras. The "Topes de Collantes" are carpeted with large sized arborescent ferns. There are several caves with bats snoozing in their inside. The dwarf of these flying mammals with a spread of hardly 4 cm., lives in the island.

A good proof of the purity of the air in the "Topes de Collantes" is the existence of long ferns called "barba de español" in the United States.

There is an international "Curhotel" with a very good medical staff. Sick persons from all over the world come here to cure their ailments, especially those suffering from skin diseases which are treated with the muds and waters of the region, as well as lung and paraplegic diseases. Charges are quite reasonable and assistance is of a good technical quality.

Sierra del Escambray.

En un rincón del cantil, encontramos abejas que fabrican su habitáculo en forma de órgano, con pliegues sinuosos cilíndricos.

Numerosas especies endémicas hacen las delicias de los botánicos, encontramos árboles de gran porte como el roble de la sierra, diversas especies de palmeras, caobos, nuez americana... una gran variedad de grandes árboles van jalonando el sendero del bosque que transcurre entre densa y variada floresta, plena de especies interesantes y vistosas, como hermosísimas orquídeas. Hay una planta muy urticante, de grandes hojas acorazonadas provistas de largas pilosidades de efecto inflamatorio al contacto con la piel, pero de gran utilidad para las enfermedades renales. La yagruma macho, es otro endemismo que avisa cuando va a llover, volviendo sus hojas por el envés, como explicamos al hablar de la especie de Hanabanilla.

La mariposa es la flor nacional, aquí se encuentran diversas especies con diferentes tonos y formas, a cual más atractiva. También el lirio cubano y la famosa guayaba, fruta muy rica en vitamina C, con propiedades medicinales astringentes.

Hermosas cascadas se sitúan en recónditos parajes, para acceder a ellas se necesitan varias horas de caminata entre frondosas selvas de empinadas laderas.

En el precioso valle se encuentra la "Casa del Cubano", magnífico restaurante y piscifactoría de pez de gato, delicioso habitante de los ríos, importado de Africa y como no, especialidad gastronómica del lugar, así como el delicioso arroz congrí.

Otro habitante de aguas muy limpias, marcador de la pureza de sus arroyos, es el buscado langostino de río, provisto de pequeños queliceros o pinzas, habitante excepcional de ciertos ríos cubanos, de aguas cristalinas.

En el río Guaorabo, próximo a la "Casa del Cubano", bajo un gigantesco y añoso ceibón, dice la tradición se reunió Cortés con sus huestes para salir a la conquista de Méjico, congregó a numerosos campesinos trinitarios para sus propósitos, convenciéndolos para salir a batallar por una humilde soldada y la gloria.

In a corner of the cliff, bees are fabricating their organ-shaped dwelling with winding cylindrical folds.

Many endemic species delight botanists. Trees of an impressive appearance such as the "Oak of the mountain", several species of palm-trees, mahoganies, "American walnut tree" ... A large variety of trees stake out along the track in the wood which runs into the dense vegetation, full of interesting colourful species such as beautiful orchids. There is a very urticant plant with large heart-shaped leaves covered with long pilosities which causes an inflammation when it gets in contact with human skin, but is very useful for the treatment of kidney diseases. The "yagruma macho" is another endemic plant that warns of forthcoming rain by turning its leaves and showing their silver-coloured back, as explained in respect of this species in the chapter on Hanabanilla.

Various species of "Butterfly", the national flower, with different shades and shapes may be found here. They are all equally beautiful; it is hard to tell which of them is the most beautiful one. There are also the "lirio cubano" and the famous"guayaba" or guava, a fruit very rich in vitamin C having astringent medicinal properties.

Beautiful waterfalls are situated in hidden places. Getting to them takes several hours' walk on the steep hillsides of the exuberant forests.

"Cuban lily" is a fine restaurant and fish farm located in the beautiful valley. Here visitors may taste "congrí", a delightful meal of rice and beans, and catfish, a delightful inhabitant of the rivers imported from Africa, which is the gastronomic speciality of the place.

Another unusual inhabitant of the limpid crystalline waters of some Cuban rivers -an indication of the purity of the brooks such waters come from- is the crawfish which is provided with small chelicerae or food-catching claws.

According to tradition, it was by the Guaorabo river near "Casa del Cubano" where Cortés prior to setting off for México, assembled his troops under an old gigantic "ceibón" and convinced a large number of countrymen from Trinidad to fight for glory and a poor pay.

"Butterfly". Flor nacional variedad rosada.
"Butterfly", the Cuban national flower. Pink variety.

Panorámica de la Sierra del Escambray.
Panoramic view of "Sierra del Escambray.

154

Fuente de hierro.
Iron fountain.

Selva de los "Topes de Collantes".
"Topes de Collantes" forest.

CAMAGÜEY Y HOLGUIN

CAMAGÜEY Y HOLGUIN

De la exuberante belleza de los Topes de Collantes y de la Sierra del Escambray, llegamos a una de las más hermosas ciudades de Cuba, Camagüey, situada entre Ciego de Avila y las Tunas, paso obligado en la isla para acceder del oriente a occidente o viceversa.

Sus casas y edificaciones de clara arquitectura española, conservan su aspecto a través de los siglos, aunque su población aumentó notablemente en los últimos años, como queda patente en sus modernas construcciones de acceso a la ciudad, a través de un hermoso parque ajardinado transcurre la gran avenida de acceso, a ambos lados se encuentran los nuevos Centros Oficiales.

La fundó Diego Velázquez en 1.515, denominándola: Santa María de Puerto Príncipe. Esta ciudad pasó por diversas visicitudes, teniendo que cambiarla de lugar al haber sido arrasada por los indígenas en varias ocasiones, hasta situarla junto al poblado llamado Camagüey, ubicado entre los ríos Hatibonico y Tínima, donde se instaló una ciudad principalmente ganadera. Desligándose subrepticiamente de la Corona española, sus habitantes prosperaron gracias al contrabando con islas caribeñas de dominación holandesa, francesa e inglesa.

La prosperidad de Puerto Príncipe atrajo la codicia de

From the exuberant beauty of the "Topes de Collantes" and "Sierra de Escambray", we go to one of the most charming towns in Cuba, Camagüey, which is situated between Ciego de Avila and the "Tunas" and is the customary path to the Western region from the East and vice versa in the island.

The houses and buildings of Camagüey built in a clear Spanish style have preserved their appearance through centuries notwithstanding the fact that its population has increased remarkably in the recent years. This fact is made quite clear by its modern buildings and constructions. A long avenue with the new government buildings on both sides, gives access to the town through a landscaped Park.

The town was founded in 1515 by Diego Velázquez who named it Santa María de Puerto Príncipe. It experienced may difficulties and had to be moved to another site as the natives destroyed it on several occasions. Finally, the town was situated near a village named Camagüey located between the Hatibonico y Tinima rivers, where an essentially cattle-breeding population settled. Its inhabitants broke away from the Spanish Crown surreptitiously and did well thanks to the contraband with Caribbean islands under the Dutch, French or English rule.

piratas y corsarios, uno de ellos la arrasó en un primer ataque en 1.668, al mando iba el tristemente célebre pirata inglés Henry Morgan, quien regresó otra vez 11 años después, en 1.679 cuando la ciudad estaba recuperada, asolándola de nuevo.

Los ataques piratas hicieron avisados a los habitantes de Camagüey, quienes construyenron una ciudad sinuosa, llena de estrechas callejuelas desembocantes en plazuelas sin salida, donde daban justo recibimiento a visitantes no deseados. La callejuela Funda del Catre, tiene fama de ser la más estrecha de Cuba.

Así se han conservado hasta nuestros días: bellos edificios, conventos, iglesias y palacetes. A pesar del espíritu combativo de sus gentes, ha prevalecido un espíritu hospitalario con los turistas, aun no muy numerosos.

En la actualidad se está cuidando la hostelería, encontrándose edificios coloniales bien reparados, convertidos en restaurantes, como el Mesón la Campana de Toledo y Parador de los Tres Reyes, donde pueden consumirse deliciosos platos cubanos, al tiempo los ojos de los comensales se recrean con hermosos coches de caballos y bellos patios de estructura hispana, adornados con exóticas plantas al aire libre, situados en la acogedora Plaza de San Juan de Dios, un conjunto bien conservado, presidido por el Convento-Hospital de 1728.

El ritmo de esta ciudad, se refleja en el tranquilo caminar de sus gentes, de bravo temperamento. Su valor queda indicado en los viejos cañones clavados boca abajo en el suelo, símbolo de pasadas luchas contra piratas, corsarios y de conquistas sociales frente a la Corona española.

La ciudad de Holguín, de sabor netamente hispano, está rodeada de bellos parajes, con un hermoso hotel situado en una colina que domina todo el valle y el pantano próximo a la ciudad. La Plaza es el corazón comercial de la población donde se reúnen comerciantes y compradores bajo los bellos soportales que circundan la Plaza de Calixto García.

Diversos Museos se encuentran situados en antiguos edificios, famoso es el llamado "La Periquera" desde época colonial, cuyo nombre proviene de los uniformes verdes de los militares españoles, sede del Gobierno Municipal, convertido en Museo de Historia del Municipio.

Desde el Complejo Turístico de Mayabé situado a 450 m/sm se encuentra una hermosa vista de la ciudad.

La playa más cercana se encuentra en Guardalavaca a unos 50 km. de distancia de la población, desde donde se pasa por bellos y bucólicos paisajes y un cerro denominado "La silla de Montar" por su forma.

The prosperity of Puerto Príncipe aroused the greed of pirates and corsairs. So, the regrettably famous English pirate Henry Morgan laid waste to it in 1668 and eleven years later, in 1679 when the town had been restored, he returned and destroyed it again.

Pirates' attacks made the inhabitants of Camagüey wise. They built a town of tortuous narrow streets leading to small dead-end squares where unwanted visitors were as welcome as a bull in a china shop. "Funda del Catre" alley is reputed to be the narrowest street in Cuba.

So, many beautiful buildings, convents, churches, palaces and mansions have been preserved. Notwithstanding the fighting spirit of the inhabitants of the town, their hospitable disposition towards tourists who are not many yet, has prevailed.

At the present time, due care is being taken of hotel trade. As a result, it is now possible for visitors to find colonial buildings that have been appropriately repaired and turned into restaurants such as "Mesón de Toledo" and "Parador de los Tres Reyes" in the welcoming square named "Plaza de San Juan de Dios, a collection of well preserved buildings dominated by the Hospital-Convent built in 1728 where delightful Cuban dishes are served while people at table enjoy the sight of beautiful carriages and charming patios in Spanish style decorated with exotic plants in the open air.

The rhythm of the town is reflected upon the calm walking of its inhabitants of a brave temperament. The guns driven muzzle down into the ground testify to their braveness and past fights against pirates and corsairs as well as social reforms obtained from the Spanish kings.

The town of Holguin in a clear Spanish style is surrounded by beautiful places with a lovely Hotel situated on a hill dominating the whole valley and the swamp near the town. Plaza de Calixto García is the shopping centre of the town where merchants and prospective buyers assemble under the beautiful porticoes of the square.

Several Museums are housed in old buildings. The so-called Museum of "La Periquera" has been very well-known since colonial days. The name comes from the green uniform of the Spanish military personnel billeted in the building, the seat of the Municipal Government, which has been turned into the Museum of the Municipality's History.

A magnificent sight of the town can be seen from the Tourist Resort of Mayabé which is 450 meters above sea level.

The nearest beach is at Guardalavaca about 50 km. away from town. From this point, the path goes through beautiful bucolic landscapes and clinubs a hill named "Riding Saddle" on account of its shape.

Patio restaurante "La Campana de Toledo". Camagüey.
"La Campana de Toledo" Restaurant. Camagüey.

Fachada de "Los Tres Reyes".
Facade of "The Three Kings".

Panorámica de Holguin. ➡
Panoramic view of Holguin.

BARACOA

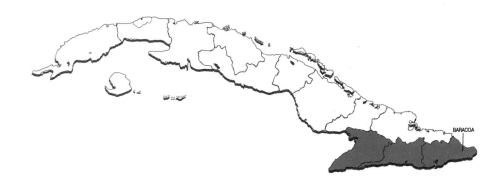

BARACOA

Siguiendo camino, llegamos a las inigualables costas de Baracoa, descritas por Colón con frases encomiables hacia las hermosas costas de Baracoa y las bellezas paisajísticas del lugar. Aún pueden contemplarse chozas de arquitectura indígena y algunos descendientes mestizados de los antiguos taínos, pobladores de esta región.

Baracoa fue la primera ciudad de Cuba, fundada por los colonizadores españoles tomó rango de Capital, hasta que Santiago se lo arrebató, antes de finalizar la capitalidad en la Habana. Es una pequeña pero bella población, asentada en Porto Santo, una bahía inolvidable, guardada por un fuerte y la bahía de la Miel, también presidida por otro fuerte, ambos guardan la entrada por mar a la población, mientras un tercero, el Castillo de Serboruco, domina desde la colina más alta de Baracoa.

A pesar de no ser ciudad populosa, su malecón es el tercero en longitud de cuantos hay en Cuba, siendo el mayor el de la Habana con casi 10 km., sigue el de Cienfuegos y a este el de Baracoa.

En la Iglesia de Nuestra Señora de la Asunción, se encuentra la famosa Cruz de Colón o de la Parra, se cree fue la que Colón plantó en su desembarco, llamada de la Parra por

Continuing on our way, we arrive at the un-matched beaches of Baracoa. Columbus described them by stating: "This is the most beautiful earth ever seen by human eyes ..." Visitors can still contemplate some huts of native architecture and a few half-breeds being descendants of old Tainos, the former inhabitants of the region.

Baracoa was the first city of Cuba. Founded by the Spanish colonists, it was the Capital of the island until capitalness passed to Santiago prior to the government being finally moved to Havana. Baracoa is a small but charming town in Porto Santo, an unforgettable bay guarded by a fortress and "Bahía de la Miel" dominated by a fortress, too. Both fortresses guard the entry to town by sea whilst a third fortress, the "Castillo de Serboruco" overlooks the town from the highest hill in Baracoa.

Notwithstanding the fact that this is not a populous town, its pier is the third one in length in Cuba. The pier of Havana which is 10 meter long, is the longest one followed by those of Cienfuegos and Baracoa.

The famous Columbus' Cross also known as the Cross of the Grapevine is kept at the "Iglesia de Nuestra Señora de

Chozas campesinas de Baracoa.
Peasants' huts. Baracoa.

haber sido hallada entre las raíces y sarmientos de una añosa parra que la ocultó durante siglos, en el patio de una vieja casa de la población. Las pruebas de carbono 14 dieron la edad del descubrimiento de América, un análisis exhaustivo dió como resultado que la madera era de duros árboles americanos, su tamaño fue decreciendo a medida que los gobernadores obsequiaron con trozos de la cruz a ilustres visitantes, considerándola como una reliquia, en la actualidad mide unos 70 cm. con los extremos protegidos por cantos metálicos, para que no se saque astillas de ella, manteniéndola dentro de una urna donde nadie puede tocarla, es admirable el estado de conservación. También se halla una reproducción de la Virgen del Cobre, patrona de Cuba.

En la plaza que da a esta recoleta iglesia, se ubica un busto de Hatuey, primer caudillo indígena, proveniente de Santo Domingo, quien organizó a los indígenas rebelándose contra los españoles, prefirió morir hecho pira humana, antes de caer en manos de los invasores.

Sus tranquilos vecinos pasan el tiempo de ocio jugando al dominó al aire libre, enzarzados en amistosas disputas y apuestas.

El río Miel, en sus dulces remansos, sirve de encuentro social, donde se practican diversas actividades de limpieza, tanto de animales domésticos, de aseo personal, como de las bicicletas. Los niños juegan con las cometas, mientras las mamás lavan la ropa y la tienen sobre los cantos rodados del viejo cauce.

Dos hoteles de categoría internacional, ambos muy atractivos, se sitúan en antiguos edificios restaurados, acogen al creciente turismo, encantado de "descubrir" una hermosa ciudad rodeada de privilegiada Naturaleza, con fabulosas playas, ríos idílicos, verdes selvas, y altas montañas como el bello Yunque, una meseta que preside la ciudad desde lontananza, forma parte de las estribaciones de Sierra Maestra de tanta carga histórica.

Los esclavos escapados de los ingenios llegados a esta zona, se mestizaron con los indígenas, encontrándose barrios extremos de Baracoa donde se aprecia la mezcla y los hábitos de vivir en casas primitivas, apartados de la urbe.

El variado y rico folklore local, resulta simpático e ingénuo, mezcla de sincretismo africano, traído aquí por varias étnias, con ritmos trepidantes y aires hispanos, en una mixtura de gran atractivo y espectacularidad, varios conjuntos locales han resucitado las viejas músicas que solamente quedaban conservadas entre los guajiros.

Las transparentes aguas del Caribe mueren mansamente en preciosas y solitarias playas.

Aventurarse por estas hermosas áreas es una fiesta para ojos y espíritu.

la Asunción". Such a cross is believed to be the one planted by Columbus upon his disembarking. It is called the Cross of the Gravepine by reason of its having been found amongst the roots and shoots of an old gravepine which had hidden it for centuries in the yard of an old house in the town. Subjected to Carbon 14 tests, it was determined that the Cross was as old as the Discovery of America. An exhaustive analysis proved that the wood it is made of, is that of hard American trees. It decreased in length as governors considering the Cross as a relic, bestowed pieces of it upon their eminent visitors. At the present time, it is about 70 cm. long and provided with metal edges so that no splinter may be broken off from it. It is kept in an admirable condition in a glass case so that nobody may touch it. There is also a reproduction of the "Virgen del Cobre", the patroness of Cuba.

At the square overlooking this quiet church, there is a bust of Hatuey, the first native leader from Santo Domingo who organized the native army and rebelled against the Spanish government. He would rather die as a human pyre than being taken prisoner by the invaders.

The quiet inhabitants of the place spend their leisure time playing dominoes in the open air and involved in friendly disputes and bets.

In its quiet pools of still water, the Miel river serves as a meeting point where various activities such as the washing of domestic animals, the cleaning of bicycles or making the personal toilet are performed. Children play with their kites while their mothers wash the clothes and spread them to dry on the boulders of the old bed of the river.

There are two attractive hotels of an international category housed in old restored buildings. They welcome the growing number of tourists pleased to "discover" a beautiful town surrounded by a privileged Nature with fabulous beaches, idyllic rivers, green forests and high mountains such as the beautiful "Yunque", a meseta overlooking the town in the distance and forming part of the foothills of Sierra Maestra with such a historic tradition.

The slaves that scaped from the mills and settled in this region, mixed with the natives. Nowadays, they live out in the suburbs where such a mixture and the habits of living in primitive houses out of town can be appreciated.

The rich varied local folklore, a mixture of the African syncretism brought here by various ethnic groups with vibrating rhythms and Spanish tunes, is ingenuous and likeable. Several local groups have brought back old songs and tunes that were remembered by "guajiros" only.

The clear waters of the Caribbean Sea come to rest quietly on these beautiful lonely beaches.

Venturing into these beautiful regions is a treat for both the eye and the spirit.

Busto de Hatuey, rebelde indio.
Bust of Hatuey, the Indian rebel.

164

Virgen del Cobre, patrona de Cuba.
Virgin of the Copper, the Patroness of Cuba.

Cruz de Colón, de Uvilla o de la Parra.
Columbus' Cross also known as the "Cross of Small Grapes"
or the "Cross of the Gravepine".

166

Hotel Porto Santo. Baracoa.
Porto Santo Hotel. Baracoa.

Palmeral.
Palm grove.

Panorámica de la ciudad y de la bahía de Baracoa o de Porto Santo.
Panoramic view of the town and bay of Baracoa also known as Porto Santo.

Niño con caracteres de los indígenas caribeños.
Child with features of Caribbean natives.

Gentes de Baracoa esperando el autobús.
Baracoa. People waiting for the bus.

Baracoa, primera ciudad fundada por los españoles en Cuba.
Baracoa, the first town founded in Cuba by Spaniards.

Centro de Baracoa.
Baracoa. Town centre.

Playa de Moa.
Moa Beach.

Centro de Baracoa.
Baracoa. Town centre.

Selvas y cultivos en "Tetas de Teresa".
Forests and cultivations at "Teresa's Breasts".

SIERRA MAESTRA

La famosa Sierra Maestra, plena de belleza, encanto natural, especies propias e historia, asciende a altas cumbres, en ella se encuentran los picos más altos de la isla, algunos rondando los dos mil metros, en un variado paisaje de montes y valles, con vegetación cambiante: pinares con especies endémicas cubanas y caribeñas, densas selvas tropicales, la costa oriental está constituida por áridos paisajes subdesérticos, con plantas características: cactus gigantescos, otros de diferentes formas, aloes de gruesas hojas y espigadas inflorescencias gigantes, matorrales de variadas especies, mimosas con bellas florecillas plumosas y largas espinas, palmeras de diversas especies, también endemísmos de esta hermosa isla, hay saladares con vegetación propia, rodeados de palmeras, algunas de espigado tronco, variados cactus de caprichosa hechura y plantas universales como la salicornia, adaptada a vivir en suelos de alto grado de salinidad, flores de gran belleza con numerosas especies, se reparten a lo largo de su intrincada estructura fitosociológica.

Ríos cantarines transcurren por las zonas más apartadas, dan lugar a hermosas cascadas, alguna de ellas muy famosa, como la del Saltón, cuya contemplación serena y relaja nuestra alma.

Sierra Maestra, the well-known range of mountains full of beauty, natural charm, species of its own and history climbs up to high summits. Some of these summits being about 2,000 meters in height, are the highest peaks in the island surrounded by a varied landscape of mountains and valleys carpeted with changing vegetation: pinewoods with Cuban and Caribbean endemic species and dense tropical forests. The Eastern coast consists of arid sub-desertic lands with typical plants such as gigantic cactuses of various shapes, aloes with thick leaves and long gigantic inflorescences, bushes of various species, mimosas with beautiful feathery small flowers and long thorns, palm-trees of various species and endemic plants of this beautiful island. There are salt meadows with vegetation of their own surrounded by palm-trees some of which have long trunks. Varied cactuses of fanciful shapes and universal plants such as the saltwort -adapted to live in soils with a high degree of salinity- and very beautiful flowers of many species are scattered about the intricated phytosociological structure of the region.

Singing rivers run through the most remote areas into beautiful waterfalls, some of which are very well-known such

Vegetación asabanada costera, Sur de Sierra Maestra.
Coastal savannah-like vegetation. Southern region of Sierra Maestra.

Modernas instalaciones hoteleras en las proximidades, del famoso salto de agua, permiten gozar de un esmerado servicio, donde se incluye: restaurante, sauna, masaje y control médico. Es posible sentir la Naturaleza a pie, a caballo y verla desde el aire en helicópteros que van y vienen desde Santiago de Cuba, con varios vuelos diarios de unos 20 minutos de duración, se encuentra separado de la gran urbe tan sólo por unos 80 kilómetros. A este apartado lugar se puede llegar por carretera o helicóptero.

Entre su fauna más especial está el almiquí o solenodon, insectívoro mamífero trompudo, de largo hocico, verdadero fósil viviente, especie de musaraña gigante que alcanza los 52 cm. de longitud incluyendo la cola, poco se conoce de su biología, escasos son los ejemplares mantenidos en cautividad y corto su período de vida, dado su carácter tímido y nocturno y sus hábitos alimenticios, principalmente insectívoros, aunque hay quien asegura también comen raíces. Es una de las especies más atractivas de Sierra Maestra.

Una especie de bello y gran Pico carpintero que se creía desaparecido, ha sido encontrado de nuevo entre la densa foresta más ignota, este hecho produjo gran alegría entre la comunidad de ornitólogos al considerarlo totalmente extinto.

Esta interesante Cordillera aún tiene áreas inexploradas, donde se encuentran los bosques del Caribe mejor conservados, frecuentemente se descubren nuevas especies, incluso de anolis, los lagartijos "que sacan el pañuelo", ya descritos anteriormente, la variedad de su flora es fantástica, siendo el paraíso para los botánicos especialistas en el Caribe, quienes descubren casi de contínuo nuevas especies para la ciencia.

Sus agrestes montañas forman parte importante de la Historia cubana, desde ellas han partido revoluciones, como la más reciente de Fidel Castro y "Ché" Guevara, encierra gran dificultad encontrar en este laberinto a quienes se ocultan en sus densos bosques, barrancos y cuevas, es por ello que desde los primeros esclavos, escapados de las cadenas, hasta los próceres de las revoluciones, encontraron en esta Sierra el medio adecuado para ocultarse y preparar las ofensivas que habrían de lanzarles al poder y a la gloria.

Seguir la carretera que une Baracoa con Santiago, atravesando las montañas llenas de curvas, es una lección de vida silvestre caribeña, en este tramo se puede contemplar la mayoría de sus diferentes paisajes, recomendado hacerlos con calma y máxima prudencia, para poder disfrutar de los ambientes ecológicos de esta singular cadena montañosa, donde podremos contemplar enclaves de selva tropical, entre pinares caribeños, grandes desfiladeros, agrestes y hermosos lugares invitan a ser contemplados con calma.

as the Saltón waterfalls whose quiet contemplation relaxes the spirit.

Modern hotels in the vicinity of these waterfalls enable to enjoy a good efficient service including restaurant, sauna, massage and medical control. It is possible to feel Nature on foot, on horse and see it from the air in helicopters flying to and from Santiago with several flights a day of about 20 minutes in length. The place is just 80 kilometres away from town and may be reached by either road or helicopter.

The "almiquí" or solenodon, a long-snouted insectivorous mammal and a true living fossil, is a sort of giant shrew being 52 centimetres in length, tail included. Its biology is not very well known and the specimens kept in captivity are scarce. Its life is a short one because of its shy nocturnal nature and its eating habits which are essentially insectivorous. Anyway, there are some writers that assure that it feeds on roots. It is one of the most attractive species living in Sierra Maestra.

A species of large beautiful woodpecker that was believed to be extinct, has been found again in the most unknown dense wood. This fact has been welcome by ornithologists.

On this interesting range of mountains, there are still unexplored areas where the best preserved woods in the Caribbean are situated and new species including anoles or small lizards ["displaying the flag"] are often seen. The variety of its flora is fantastic. In fact, it is a paradise for botanists specializing in the Caribbean flora who are nearly continuously discovering new species for science.

These rugged mountains are an important part of Cuban history. They have been the starting point of some revolutions the most recent of which was that of Fidel Castro and Che Guevara. Finding in this labyrinth those hiding in its dense woods, deep ravines and caves, is most difficult. That is the reason why many people including the first slaves that scaped from their chains and the eminent persons of many a revolution did found in this Sierra the appropriate means to hide and prepare the offensives that would shoot them to power and glory.

Going along the tortuous road from Baracoa to Santiago across the mountains is a lesson of wild life. The largest part of its different landscapes can be viewed from this stretch of road. It is recommended to do so calmly and wisely in order to enjoy the ecological environments of this range of mountains with enclaves of tropical forest surrounded by Caribbean pinewoods. Large narrow passes and beautiful places invite contemplation with calm.

Chorreras del Saltón. Sierra Maestra.
Saltón Waterfalls. Sierra Maestra. ➤

Cascada del Saltón. Sierra Maestra.
Saltón River Waterfalls. Sierra Maestra.

181

Saltón. Sierra Maestra.

SANTIAGO DE CUBA

SANTIAGO DE CUBA

Importante Puerto, fue la capital hasta 1.589. Es la segunda población de Cuba en la actualidad, tiene más de cuatrocientos mil habitantes, con vocación más antillana que la Habana, ha mantenido más contacto con otras zonas y países del Caribe, dada su proximidad con Haití y República Dominicana. La ciudad no se resigna a ser reliquia del pasado y se enfrenta a los tiempos actuales, con hoteles de tecnología puntera y modernista, ampliada con nuevos edificios hacia el interior.

Una de las piezas arquitectónicas más destacadas de Santiago, es la casa de Diego Velázquez, muy bien conservada, con hermosos artesonados de madera realizados en la época, es uno de los primeros edificios de Cuba, realizada en 1514, hoy transformada en Museo de Ambiente Histórico Cubano. En la parte superior vivió el intrépido e inteligente español, siendo la planta baja Casa de Contratación, donde también se encontraba la fundición de oro, la parte más moderna del edificio se realizó en el siglo XIX. Está situada en la Plaza de la Catedral, hermoso predio colonial enfrentado a la Casa Consistorial. Conocidos son sus balcones desde donde gobernantes anteriores y Fidel Castro pronunciaron importantes discursos.

An important port, Santiago de Cuba was the capital until 1589. At the present time, it is the second largest town in Cuba with over 400,000 inhabitants. With a stronger Antillean vocation than Havana, it has kept more closely in touch with other Caribbean regions and countries because of its proximity to Haiti and the Dominican Republic. Santiago de Cuba does not resign itself to being a relic of the past and is facing current times with hotels incorporating modern outstanding technology and new buildings being constructed towards the interior.

One of the architectural pieces most outstanding in Santiago, is the house of Diego Velázquez, a very well preserved building with beautiful coffered wooden ceilings of the time. It is one of the earliest buildings constructed in Cuba. It was built in 1514. Nowadays, it has been turned into the Museum of Cuban Historic Environment. The audacious intelligent Spaniard lived on the upper floor whilst the first floor housed the Chamber of Commerce and goldworks. The most modern part of the building dates back to the 19th century. The building is at "Plaza de la Catedral", a beautiful colonial property opposite the Town

Castillo del Morro de Santiago. Al fondo Sierra Maestra.
← Santiago. "Castillo del Morro" with Sierra Maestra in the background.

La zona céntrica de Santiago, bulle de gente colorista que va y viene, con un especial ambiente, mientras otros descansan en los bancos de la Plaza, charlando pausada o animadamente.

Circulan viejos vehículos norteamericanos bien conservados, preciosos a ojos de coleccionistas.

Simpática estampa local es la de una linda quinceañera, preparada para ser fotografiada, como testimonio de su propia historia, en el día más feliz de su vida, hay costumbre de vestirlas de largo con trajes sofisticados de blondas y puntillas, descendiente directo de modas dieciochescas, con fiestas muy celebradas.

La "Casa de la Trova" es un pintoresco rincón santiagueño, situado al lado de la "Casa de la Juventud", donde se asoman viejos troveros y gente mayor, que reafirma amores pasados.

En la bocana de la bahía, se encuentra el viejo Fuerte español del Morro, bien conservado, aún guardado por vetustos cañones, que apuntan hacia un enemigo inexistente.

A través del arco de ladrillos de la campana de alarma, se divisa bella panorámica de la ciudad y la bahía, desde sus terrazas y almenas se alcanza a ver la playa, perdiéndose en el horizonte en las faldas de las estribaciones de Sierra Maestra.

La proximidad de Sierra Maestra es recordada de contínuo por el pico más alto de Cuba, su lilueta, entre vigilante y amenazadora, frecuentemente coronada de nubes, preside en lontananza la ciudad.

Esta Histórica Sierra ha dado cobijo a casi todas las revoluciones cubanas. Las gentes del oriente cubano son descendientes de bravos guerreros, tanto de esclavos huidos de las plantaciones, como piratas, corsos, españoles y franceses, venidos del próximo Haití en momentos de revueltas en ese país, los más guerreros de los últimos descendientes de los aborígenes, se encuentran entre Santiago y Baconao.

Hall. Its balconies from which former rulers and Fidel Castro have delivered important speeches from time to time, are well-known.

The Central area of Santiago bustles with the activity of colourful people going to and fro in a special atmosphere whilst other people rest on the benches in the Square and chat slowly or in a lively way.

Taxicabs are old American cars. They are in a very good condition and are seen like precious treasures by collectors.

A nice local scene is that of a pretty teen-ager ready to be photographed in the happiest day of her life in testimony of her own history . When girls are fifteen years old, it is customary for them to make their debut in society. For such celebrations, they wear sophisticated dresses with lots of blond and fine laces, a reminiscence of the eighteenth-century fashion.

"Casa de la Troya" is a picturesque corner of Santiago near the "Casa de la Juventud" visited by old trouvères and aged people reaffirming past love affairs.

The old Spanish "Fuerte del Morro" in the mouth of the bay is still guarded by ancient guns aiming at a non-existing enemy. It is in quite good a condition.

A beautiful panoramic view of the town and the bay is seen from through the brick arch of the alarm bell. From the battlements and roof terraces of the town, the bay is seen in the distance disappearing into the skirts of the foothills of Sierra Maestra.

The highest peak in Cuba reminds permanently of the proximity of Sierra Maestra. Its watching and threatening silhouette often crowned with clouds, looks over the city in the distance.

This historic Sierra has given shelter to nearly all Cuban revolutions. Eastern Cubans are the descendants of brave warriors: slaves fugitive from plantations, Spanish and French pirates and corsairs come from Haiti on occasion of revolts in that country. The most aggressive descendants of the last native warriors are in Santiago and Baconao.

Ambiente de la "Casa de la Trova".
Atmosphere at "Casa de la Trova".

Fachada de la Catedral. Santiago de Cuba.
Santiago de Cuba. Facade of the Cathedral.

Quinceañera vestida de fiesta.
Teen-ager wearing a party dress.

Panorama desde el Castillo del Morro.
Panoramic view from the "Castillo del Morro".

189

Casa de Diego Velázquez, 1516.
House of Diego Velázquez, 1516.

ARCHIPIELAGO DE LOS CANARREOS

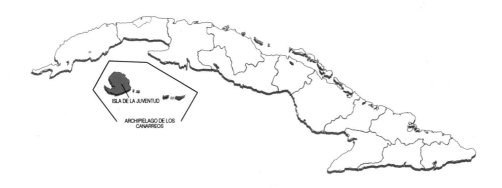

Tomando el avión rumbo a los hermosos Cayos, desde el aire se alcanza a ver todo un espectáculo de belleza y color al sobrevolar el Archipiélago de los Canarreos, hasta la gran Isla de la Juventud, la segunda en tamaño de las islas cubanas.

En estas islas es posible alquilar las interesantes avionetas rusas Antonov de doble alas, muy seguras, con diestros pilotos conocedores de la zona y de sus aparatos voladores.

Cayo Largo se ha hecho famoso por sus cuidados hoteles, límpidas aguas con maravillosos arrecifes coralinos pletóricos de vida submarina, hermosas playas solitarias de blancas arenas, donde se practican diversos deportes acuáticos, como las modernas motos de agua.

Sumergirse en los fabulosos fondos marinos, es realizar un impresionante viaje a lo desconocido. Un mundo policromo, lleno de vida e interés. Millares de peces se acercan curiosos a contemplar a los buceadores: langostas, peces mariposa, pulpos, mantas raya, numerosas especies exclusivas de las costas cubanas, incluso alguna barracuda o tiburón, pueden dar el toque de aventura, con una variada gama de corales e invertebrados marinos, es el maravilloso paisaje que se abre ante nuestros ojos, permitiéndonos amistar con ellos.

A real spectacle of beauty and colour can be contemplated from the airplane heading for the beautiful Keys when it flights over the "Archipiélago de los Canarreos" to the Isla de la Juventud, the second Cuban island in size.

Visitors may rent in these islands the safe interesting Russian twin-winged Antonov light planes operated by skilful pilots well acquainted with the region and their flying machines.

"Cayo Largo" has become famous for its hotels, limpid waters with marvellous coral reefs full of submarine life, lonely beautiful beaches of white sands where water sports such as jet-skiing are played.

Diving into its wonderful sea beds is making an impressive trip to the unknown. A polychromatic world full of life and interest. Thousands of curious fishes come and contemplate divers: lobsters, butterfly fishes, octopuses, manta rays, numerous species exclusive to Cuban coasts even some sharks or barracudas with a varied range of corals and sea invertebrates. That is the wonderful scene before the diver's eyes with the possibility to make friends with many of these animals.

"Cayo Iguana" is one of the most interesting keys. A

Vista aérea de la Isla de la Juventud.
Aerial view of "Isla de la Juventud".

Cayo Iguana es uno de los Cayos más interesantes, porque en él se encuentra una pequeña población de iguanas de isla, propias de Cuba, protegidas en la actualidad, han estado en serio peligro de extinción. Hoy son visita obligada, excursión habitual desde Cayo Largo, contemplarlas de cerca es siempre un espectáculo interesante y atractivo, es como asomarse al lejano pasado Jurásico, cuando el mundo estaba poblado por reptiles gigantescos.

Las amistosas y curiosas iguanas aceptan gustosas trozos de pan de manos de los guías y turistas más avezados. En ocasiones no dudan en entrar en liza, produciéndose serios mordiscos que llegan a marcar a sus oponentes, huellas indelebles son las amputaciones de dedos o colas, incluso no es raro apreciar otras cicatrices en el cuerpo.

La vegetación de los cayos es principalmente de manglar, con palmas de isla y cocoteros, plantados en su mayoría. Observar la colonización del mar de los mangles siempre es aleccionadora, son colonos persistentes y valerosos, capaces de sobrevivir en el agua salada, donde enraizan sobre los corales. Otras bellas plantas embellecen los atolones coralinos y cayos.

Los abundantes cangrejos se hallan por doquier, algunas de las especies que se encuentran tierra adentro, son muy vistosas, los grandes del manglar alcanzan buen tamaño, los hay con llamativos colores rojos, blancos o azules.

Ciertas aves forman parte del espectáculo complementario como: pelícanos, cormoranes, algunas gaviotas, golondrinas de mar, garzas, garcetas de varias especies, andarríos, el totí o choncholí, pájaro negro brillante, simpático y descarado, no duda en buscar migajas entre restos de comida de nuestros platos, el llamado halcón cangrejero, al que vemos frecuentemente cazando algún cangrejo o pescando y otras avecillas interesantes para los aficionados a la ornitología.

Visitar estas islas es acercarse al Paraíso, la vida resulta placentera, haciéndonos olvidar nuestras ocupaciones y preocupaciones, al tiempo nos tonifica el ejercicio físico, el contacto con el aire libre y el sol del Caribe broncea nuestras pieles, los músculos toman elasticidad, al estar un tanto anquilosados por la vida de la ciudad, al tiempo nos es dado contemplar cuerpos esculturales, locales o venidos de lejanas tierras, sin el agobio de playas populosas.

Cuba, en definitiva, es una fiesta para los sentidos, quien ame la plástica de la fotografía, de la pintura, incluso la literatura o simplemente sienta el deseo de viajar y conocer, de vivir en definitiva, Cuba tiene mucho que ofrecer, es encontrarse con el Paraíso soñado, de clima bonancible, con mil paisajes variados.

Sus gentes son amistosas, simpáticas, siempre dispuestas a la charla y converción espontánea, muchas veces se presentan como guías improvisados jóvenes educados y de cultura, poco común en otros lugares del llamado Primer mundo o países ricos.

small population of Cuban iguanas lives on it. These saurians exclusive to Cuba have been in serious danger of extinction and are now protected. Nowadays, it is customary to make a trip from Cayo Largo to watch the iguanas. Seeing them from a short distance is always an interesting attractive spectacle. It is somewhat like going back to the Jurassic period when the world was inhabited by gigantic reptiles.

Friendly curious iguanas are delighted to take pieces of bread out of the hands of the most expert guides and tourists. There are times when they do not hesitate to fight their opponents and take strong bites at one another which from time to time result in the amputation of fingers or tails. And it is not rare to see scars on their bodies.

Vegetation in the keys consists of swamp mangroves, palm-trees typical of the island and coconut trees most of which have been planted by man. Contemplating the colonisation of the sea by mangroves is always enlightening. They are brave persistent colonists capable of surviving in sea water where they take roots on the coral reefs. Other beautiful plants embellish the keys and coral atolls.

Crabs may be found everywhere. They are very abundant and some species living in the interior of the country are very colourful. The large crabs inhabiting the swamp mangrove swamp are of a large size in attractive red, white or blue colours.

Certain birds form part of the added spectacle: pelicans, cormorants, seagulls, terns, herons, egrets of various species, wagtails, "tontolí" or "choncholí" -an insolent bright black coloured bird that does not hesitate to search for crumbs amongst the left-overs in our dishes- the so-called "crab hawk" which may often be seen hunting crabs or fishing, and other small birds of interest for ornithologists.

Visiting these islands is going to Paradise. Life there is pleasant and makes us forget about our occupations and preoccupations whilst physical exercise in the open air strengthens our body and the Caribbean sun tans our skins and our muscles recover the elasticity they lost in city life. Moreover, we may enjoy with the contemplation of sculptural bodies either local or from other countries without the nuissance of crowded beaches.

Cuba is really a treat in every sense for those who are fond of the plasticity of photography, painting or literature or those who just feel a desire to travel and know other countries, in a word, a desire to live. Cuba has a lot of things to offer; it is finding a dreamed paradise with a mild climate and a thousand and one varied landscapes.

Cuban people are friendly, nice, and always ready to chat and converse in a spontaneous manner. Educated cultivated young men often offer their services as improvised guides, something that is rarely common in other places of the so-called First World or rich countries.

Aguila cangrejera.
Crab hawk.

Iguana de Isla.
An iguana typical of the island.

Vista aérea de Cayo Largo.
Aerial view of "Cayo Largo".

194

Vista aérea de playas de Cayo Largo.
Aerial view of "Cayo Largo" beaches.

Vista aérea del archipiélago de los Canarreos.
Aerial view of the Archipiélago de los Canarreos.

Cabeza de águila cangrejera.
Crab hawk head.

CONTENIDO